A Réjeanne,

Coeur sur papier, c'est un cri du coeur
à l'enfant qui sommeille en nous et qui
a tellement besoin d'écoute et d'amour.
Que ces dessins et paroles de guérison

Cœur sur papier

Soient un ruisseau dans lequel tu
pourras t'abreuver

29-05-2006

Collection

VIVRE PLUS

Renée Pelletier

Cœur sur papier

Paroles et dessins de guérison

MÉDIASPAUL

Médiaspaul reconnaît l'aide financière du Gouvernement du Canada par l'entremise du Programme d'aide au développement de l'industrie de l'édition (PADIÉ), du Conseil des Arts du Canada et de la Société de développement des entreprises culturelles du Québec (SODEC) pour ses activités d'édition.

Catalogage avant publication de Bibliothèque et Archives Canada

Pelletier, Renée, 1952-

    Cœur sur papier: paroles et dessins de guérison

    (Collection Vivre plus; 20)

    ISBN 2-89420-650-X

    1. Guérison. 2. Moi — Enfant. 3. Malades — Psychologie. 4. Pelletier, Renée, 1952- . I. Titre. II. Collection.

RZ401.P44 2005   615.5   C2005-941359-X

Photo de l'auteure: *Hélène Leblanc*

Les dessins illustrant ce livre et la photo de la couverture sont de l'auteure.

Composition et mise en page: *Médiaspaul*

Maquette de la couverture: *Diane Lanteigne*

ISBN 2-89420-650-X

Dépôt légal — 4ᵉ trimestre 2005
Bibliothèque nationale du Québec
Bibliothèque nationale du Canada

© 2005 Médiaspaul
        3965, boul. Henri-Bourassa Est
        Montréal, QC, H1H 1L1 (Canada)
        www.mediaspaul.qc.ca
        mediaspaul@mediaspaul.qc.ca

        Médiaspaul
        48, rue du Four
        75006 Paris (France)
        distribution@mediaspaul.fr

Imprimé au Canada — Printed in Canada

Dédicace

À mes enfants, Geneviève et Guillaume,
qui ont été les premiers à qui j'ai dévoilé mes croquis de Renée-
   Emmanuelle et qui continuent d'être de grands maîtres pour moi;
À mon petit-fils, Alexis, et à mes futurs autres petits-enfants,
   voici une parcelle de mon héritage d'amour;
À l'enfant qui sommeille en chacun de nous,
   puisse-t-il découvrir dans ce livre une nourriture pour son cœur;
À tous ceux et celles qui ont un cœur fragilisé par la vie,
   puissent-ils cueillir les semences de guérison déposées dans ces
   pages et puissent-ils, à leur tour, avoir le goût de dessiner et
   d'écrire à l'enfant blessé en eux;
À toi qui ouvres ce livre...

Remerciements

À Suzanne, à qui j'ai dessiné la petite carte du 23 mars 1998 et qui s'est endormie du dernier sommeil;

À Daniel Meurois-Givaudan, qui a été et demeure pour moi une grande source d'inspiration et un guide;

À Terry Fox, dont le courage et la mission de vie m'ont donné espoir;

À Mireille, pour m'avoir accompagnée professionnellement, amicalement et de façon soutenue tout au long de la réalisation de cet ouvrage;

À Geneviève, ma fille, pour son intérêt continu à l'égard du projet et pour sa présence stimulante;

À Guillaume, mon fils, pour ses réflexions ayant souvent fait naître de grandes questions dans mon cœur d'adulte;

À Camille, mon conjoint, pour son aide précieuse et fidèle, entre autres à la mise en page du manuscrit, et pour ses commentaires appropriés;

À Richard Séguin, dont les chansons, la musique et la poésie m'ont nourrie durant la période d'écriture de ce livre;

À Ingrid et à Daniel F., deux amis disparus qui ont donné souffle de vie à mon cœur par leur héritage d'amitié et de vie;

À mes grandes amies et à mes proches, pour leur enthousiasme et leur affectueuse présence;

À mes sœurs spirituelles, les Recluses Missionnaires, pour l'accueil chaleureux et amical dans leur oasis de silence, de prière et de ressourcement;

À tous ceux et celles qui, par leurs commentaires sur mes écrits, m'ont encouragée à poursuivre, particulièrement les jours de doute et de grand questionnement;

À Huguette, Jean-Baptiste, Berthe, Claude, Marlène et tous les autres que j'ai croisés, plume à la main;

À tous, un grand merci du fond du cœur!

Introduction

Partie à pied de la maison, le cache-col relevé jusqu'au nez, je n'avais pour bagage qu'une feuille avec quelques notes, mon cahier journal, un stylo, un peu de monnaie pour une boisson chaude et un souhait en tête: écrire l'introduction de *Cœur sur papier*. Une vingtaine de minutes de marche entrecoupée de jogging m'ont amenée à une grande intersection. Un regard vers la gauche, entre les voitures et les édifices, pour apercevoir un magnifique soleil rose orangé qui se levait. Une pause sur le terre-plein pour saluer ce soleil. J'ai voulu croire qu'il m'avait attendue pour me faire un clin d'œil, en fait un clin de soleil. À peine s'est-il levé qu'il a glissé derrière les nuages.

Écrire l'introduction de *Cœur sur papier*, voilà des jours que mon cœur s'y prépare. Une image me vient à l'esprit: celle du placenta qui sort quelques minutes après la naissance de l'enfant. L'introduction, c'est le placenta du livre.

Ma plume a couru des milliers de kilomètres sur le papier depuis le premier cahier journal de mes 17 ans. Il m'aura fallu traverser l'océan à plusieurs reprises et enfiler la jaquette du médecin malade des dizaines de fois pour frôler la complexité, la fragilité et la grandeur de l'âme et du cœur humains. *Cœur sur papier*, c'est un grand film, une grande mosaïque de paroles et de dessins de guérison moulés à la réalité de ce que j'ai vécu depuis 1998. *Avant de tourner la page* (2002) et *Tomber en vie* (2003) ont préparé le chemin au présent livre. En matière d'écriture, pas besoin de contraception!

Dans un moment de grande anxiété et dans l'immense solitude d'une salle d'attente est né, de quelques traits de crayon, un petit personnage d'à peine trois centimètres. Depuis ce 24 mars 1998, Renée-Emmanuelle a toujours été présente; c'est mon enfant intérieur. Elle est toute petite, mais son univers est grand. Témoin vivant de la naïveté, de la simplicité, de l'émerveillement et de l'audace de l'enfant, elle vit dans un monde où le soleil, les fleurs, les oiseaux, les arbres et les roches sont ses amis. Elle pose plein de questions et dit les vraies choses sans censure. À d'autres moments, elle réagit vivement ou répond sagement à mes questions. Elle m'a dit un jour: «Ton cœur est prisonnier de ses peurs, de ses inquiétudes; ouvre-le et crois.» J'ai cru. En fait, elle lance des questions et ose des réflexions que mon esprit d'adulte s'efforce d'éviter. Miroir de mon cœur, elle n'hésite pas à exprimer ses sentiments. Avec une pointe d'humour, Renée-Emmanuelle aime jouer avec les mots et les images. Ébranlée par des sentiments parfois très difficiles à vivre, elle apprivoise la peine, l'angoisse, la culpabilité et même la colère. Elle ose bercer son cœur, balancer le temps et mettre son cœur au lave-cœur. L'essence de *Cœur sur papier* est l'intensité de ce qu'a vécu et de ce que vit mon cœur. Des paroles sans dessins succèdent aux dessins avec paroles. La force et la symbolique de l'illustration caractérisent ce livre-semence. *Laisse couler en toi le courant de guérison, écris ton cœur*: j'ai griffonné cette réflexion un matin de juin 2004, en fait le jour où j'ai commencé la rédaction de *Cœur sur papier*.

Il me fallait demander à Renée-Emmanuelle si elle acceptait que je parle d'elle, que je la dévoile pour partager avec les autres mon enfant intérieur tout en respectant notre intimité, notre secret et la dimension sacrée de notre lien. J'ai frappé des murs intérieurs, lesquels m'ont révélé ma grande fragilité et lesquels m'ont aussi permis d'ouvrir un espace intérieur de guérison. Mon chemin de guérison passe par le partage de mon vécu. De cela, Renée-Emmanuelle est partie prenante et consentante.

Au cours de l'écriture de *Cœur sur papier*, je suis allée, durant une même journée, voir ma mère au centre d'hébergement, saluer la mère d'une amie dans un service de soins palliatifs et visiter une pouponnière avec mon fils et sa conjointe enceinte. Des réflexions et des dessins sont ainsi nés à travers la réalité de ce que je vis au quotidien. Tout d'abord un titre traduit en dessin et auxquels s'ajoute une réflexion manuscrite. Pour chaque page de réflexion, le dessin s'est couché sur le papier avant le texte. J'ai écrit dans les cafés, dans la nature, dans la grande cafétéria de l'Oratoire Saint-Joseph et dans le silence d'un monastère. J'ai écrit quand l'inspiration se pointait, quand le cœur voulait dire et partager. D'un thème à l'autre, je me suis laissé guider sans me plier à un ordre déterminé. C'est aussi ça la guérison pour un cœur. J'ai tenu à écrire neuf chapitres: c'est une promesse faite à mon cœur, comme les neuf mois d'une grossesse.

J'ai douté de moi en cours de route et, je l'avoue, j'ai pensé abandonner plus d'une fois. Des questions naissaient dans ma tête. En quoi de simples réflexions et en quoi de petites illustrations enfantines vont-elles intéresser les lecteurs? J'ai posé la question à Renée-Emmanuelle. À aucun moment elle n'a douté et cela m'a redonné confiance. Mon enfant intérieur saisissait la semence du cœur. Des regards, des réflexions et des commentaires reviennent à ma mémoire. «Vous écrivez une thèse?» m'a un jour demandé un monsieur sérieux. «Non, j'écris un livre. — Sur…? — La guérison du cœur.» Je vois encore sa surprise, une belle surprise. Et cet autre jeune homme atteint de paralysie cérébrale, confiné à son fauteuil roulant, qui s'est dirigé vers ma table d'écriture et m'a dit avec difficulté: «Est-ce que ça va, toi, aujourd'hui?» Quelques phrases plus tard, il a ajouté: «Je vais prier pour toi!» Et ce monsieur haïtien rencontré à trois ou quatre reprises, qui m'a lancé en souriant: «Et vous, la santé, ça va?» Il m'avait vu écrire et m'arrêter par moments, pensive, pour fixer l'horizon. Il a ajouté: «Peu importe la couleur de la peau, c'est le cœur qui compte!» Ces gens rencontrés au hasard de mon écriture ne savent pas le grand service qu'ils m'ont rendu, chacun à sa façon et à un moment précis.

Cœur sur papier veut parler au cœur de l'enfant en nous, au cœur qui ose et qui accueille le doute, le questionnement, l'ouverture de la conscience et la vie. Quand Renée-Emmanuelle me répond, c'est aussi au lecteur qu'elle parle. Aucunement moralisateur, le ton du dialogue veut rejoindre le cœur des gens. *Cœur sur papier* pourrait aussi être un grand livre à colorier. Et pourquoi pas?

J'ai tenu un journal de bord, un journal du livre: des temps d'arrêt, des dessins et des réflexions avant d'écrire les pages du livre. J'en ai extrait un petit journal illustré mis en annexe.

Sans prétention artistique ou littéraire, j'ai osé. Je dépose *Cœur sur papier* comme une simple semence de guérison. J'ai voulu traduire une pluie de sentiments en arc-en-ciel puis en ruisseau de guérison et de vie dans lequel chacune et chacun pourra s'abreuver et se rafraîchir le cœur avant de poursuivre sa propre route.

Derrière chaque regard d'enfant
se cache un besoin,
un immense besoin d'amour.

Derrière chaque regard d'adulte
se cache un cœur d'enfant
qui a encore besoin
de beaucoup d'amour.

Chapitre 1

La naissance de Renée-Emmanuelle

La guérison intérieure est
  espace de temps,
  respect de moi, de mon être.
La guérison intérieure est
  créativité et expression de ce que je suis aujourd'hui,
  à la lumière de ce que j'ai été au fil des années.
La guérison intérieure est
  respect de mon rythme,
  intuition et sagesse intérieure profonde.

C'était en 1994, lors d'un atelier de groupe. À la question *Si aujourd'hui vous aviez à choisir votre nom, quel serait-il?*, j'avais répondu, après un court plongeon intérieur, *Renée-Emmanuelle*. Durant quelques jours, j'avais demandé à mes proches de m'appeler par ce nom; ils avaient accepté de rentrer dans le jeu. Les années ont passé...

* * *

Hier, le 23 mars 1998 (Quatre ans plus tard)

Extraits de journal

À l'hôpital, c'était la rencontre du groupe de soutien et d'entraide aux personnes atteintes de cancer. Ce jour-là, on m'avait demandé, à titre de participante, de faire une présentation sur mon expérience de *C'est quoi pour moi guérir et quelles sont mes ressources?* J'avais relevé un certain nombre d'idées à partager et apporté du matériel à montrer. J'étais vraiment contente d'apercevoir Suzanne. Elle venait de faire enlever le drain à son sein opéré. Après ma présentation au groupe, durant un moment de pause, j'ai dessiné et écrit une petite carte à Suzanne dont c'était l'anniversaire. À la fin de la rencontre, je lui ai remis ma petite carte artisanale.

Chaque matin,
même les jours
nuageux et pluvieux,
regarder du côté du soleil
et dire *oui*.

Mardi 24 mars 1998

Je me suis réveillée à 4h45, avant mon réveille-matin et avec un mal de cœur bizarre... mal de cœur ou mal à mon cœur? Je pense à la journée qui vient: c'est aujourd'hui le jour des résultats de ma chirurgie mammaire du 11 mars.

J'ai eu envie de feuilleter mes notes de la rencontre du groupe de la veille. Ce faisant, j'ai ressenti à quel point cela me faisait du bien de plonger dans cet héritage de mon vécu personnel et de le partager. Une seconde plus tard, j'ai pensé à ma réflexion écrite dans la carte de Suzanne.

Un peu plus tôt, j'étais allée marcher dans le parc, branchée à mon baladeur. Sous le soleil du matin, j'avais écouté *Humana* puis *I will survive*; cette dernière chanson m'habitait et m'imprégnait. Et j'ai dit mon *oui* en regardant du côté du soleil, un oui à la vie. J'accepte ce qui vient. J'ai alors pensé à Suzanne qui, elle, recevra ses résultats de chirurgie demain. Moi, c'est aujourd'hui. Curieux, la vie! Je côtoie comme jamais des gens qui subissent, ou qui ont subi, de la chimiothérapie. Je sens la force du groupe de soutien dont je fais partie.

De retour de ma marche, je me suis étendue et j'ai dormi un peu. Un appel de la travailleuse sociale de l'hôpital où est hospitalisé mon père m'a confirmé son transfert et son admission en hébergement permanent pour le jeudi 26 mars à 9h. Je sens un gros pincement au cœur. Deux autres appels d'organisation et le déménagement de papa est réellement enclenché. Il me restera à le vivre après-demain… après mes résultats. Ouf! Mon cœur a mal!

Aujourd'hui, j'ai à m'occuper de moi. Le film de ce que j'ai vécu depuis le 17 février, le jour de ma rencontre avec la chirurgienne, se met à dérouler dans ma tête. Il me semble que ça fait un siècle!

Cher journal, il est 11h ce 24 mars 1998. Le temps est court et long, l'anxiété présente, mais je ressens quelque chose de solide en dedans. Tout en écrivant, je jette un regard sur une photo de moi sur le chemin de Compostelle et sur une photo des enfants et moi à Percé. Me vient alors le sentiment que j'ai encore beaucoup à faire, beaucoup à vivre. J'ai envie de fêter avec mes enfants leur prochain anniversaire, de vivre avec eux et de leur faire découvrir plein de ressources pour mieux les préparer pour demain. Tantôt, j'ai dit un oui inconditionnel à ce qui vient et il demeure ancré en moi. Solange, Julie, Raymond et Jeanne, mes amis disparus, je pense à vous.

Il est temps que le jour se lève et le jour s'est levé! À l'aube de mes 46 ans, malgré la peur qui m'habite, j'ai confiance en la vie, en ce qu'elle me réserve. Je répète mon *oui*, oui à l'engagement, oui à l'héritage et le reste suivra...

Avant de partir pour l'hôpital, je vais arroser mes plantes, et faire un clin d'œil aux deux petites pousses transplantées le 11 mars, jour de ma chirurgie.

12h40, salle d'attente de l'hôpital.

Ma petite carte pigée ce matin était celle de la *vérité!* Mon cœur fait toc-toc... Comment vais-je réagir si le résultat des biopsies à mon sein est négatif? Je ressens une grande boule de joie à cette idée. Ne plus avoir besoin d'être malade pour vivre... J'en serais capable et tellement heureuse!

12h55, salle d'attente de la clinique de chirurgie.

Mon nom est bien sur la liste du jour et mon dossier est dans la pile. Reste à savoir si les résultats sont au dossier! J'attends.

Les salles d'attente sont des lieux durs et difficiles où se côtoient les anxiétés, les peurs, les douleurs et les émotions des gens. Tout à coup, je m'endors vraiment. Curieux! D'ici, on ne voit pas le soleil; on est au sous-sol. Les couloirs sont longs, très longs, trop longs. On appelle les patients les uns après les autres dans les différentes cabines numérotées. Mon sein droit opéré est sensible et il vient de m'élancer. Je ressens comme un poids, une lourdeur à la cicatrice. En face de moi, une dame me sourit; je perçois sa nervosité. Moi, suis-je nerveuse? Je ne sais trop, beaucoup moins que les autres fois. Est-ce normal? Mais qu'est-ce qui est normal? Si c'est négatif, ouf! Si c'est positif, je fonce. Si c'est douteux... c'est ça que je trouverais le plus difficile.

Il est presque 13h05. Papa, que fais-tu? Tu es probablement assis dans le fauteuil de ta chambre à fixer la porte et à attendre…, toi aussi.

«C'est long attendre, tu sais», vient de dire une dame à son compagnon assis à son côté. Oui, c'est long et c'est surtout lourd. J'aurais le goût, j'aurais besoin de dormir. Quelqu'un me disait l'autre jour: «Tu dois être exaspérée!» Je lui ai répondu: «Quand on n'a pas le choix!» Et c'est vrai.

«Madame Pelletier, cabine numéro 5!» On m'appelle.

13h25, dans la cabine de consultation.

J'attends le médecin. L'anxiété m'a envahie dès que l'on a prononcé mon nom. Mon cœur bat vite, je respire fort. Les pas dans le corridor et le rideau qui bouge me stressent. Voilà plus de dix minutes que je suis assise dans la cabine, seule. Un résultat douteux serait difficile à vivre. Garder confiance, respirer. Je me sens fragile, vulnérable, suspendue à un regard, à un mot, à une lecture de cellules microscopiques. Dans une cabine voisine, une patiente jase avec son médecin depuis de longues minutes. Ils rient. «Je vous aime bien, docteur!» dit la dame. Minutes interminables, mais que je voudrais stopper, sans savoir le résultat peut-être. C'est l'ambivalence en moi. Garder confiance!

— J'ai besoin que tu me regardes et que tu restes avec moi quelques instants.
— Quel est ton nom?
— Renée-Emmanuelle!
— Enchantée! J'aurais pu, j'aurais dû te reconnaître, toi qui es… moi, mon petit moi bien profond.

Écrire m'aide. C'est comme si je parlais à quelqu'un en ces minutes interminables d'attente. 13h29. Le médecin est-elle en train d'appeler le pathologiste pour mes résultats ou rencontre-t-elle d'autres patients? Je ne sais quoi penser, je ne sais quoi faire. Je respire. *Seigneur, reste avec moi.* Quelqu'un a entrouvert le rideau de la cabine; je n'ai pas vu qui était derrière. J'ai la trouille. Le médecin qui riait vient de saluer sa patiente. Qu'il est gentil!

L'air est comme étouffé dans mes poumons, sans oxygène. J'ai chaud et j'ai peur. «Hors de notre contrôle», dit une employée à une patiente. À qui le dites-vous! J'entends à nouveau de petits talons. Ceux de mon médecin? Et si elle n'était pas encore là! Encore une fois, une ombre vient de se pointer devant le rideau. Je n'ai pas vraiment levé la tête. De plus, je n'ai pas mes lunettes! L'attente, c'est long, très très long. C'est le vide, le trou. Et puis je pense à Renée-Emmanuelle, à mon oui à la vie, à l'engagement, à l'héritage. Voilà, j'ai confiance.

13h37. Il y a beaucoup d'activité autour de moi, mais ici, rien ne se passe. Le temps est suspendu. Je respire. Mon pouls galope. Je me sens mieux en écrivant au lieu d'attendre et ne rien faire. Voilà bien 25 minutes que j'attends. Où est mon médecin? Ce fut comment les autres fois, en 1993, en 1996? En 1993, ce fut le doute; en 1996, ce fut le rapport positif par la radiologiste. Je bouffe beaucoup d'énergie. Quelqu'un est venu à nouveau devant le rideau et est reparti. C'est curieux mais j'ai faim. Mon sein et mon bras gauches se font sentir; serait-ce en réaction de solidarité à ma chirurgie au sein droit?

13h42. C'est long! Reste avec moi, Renée-Emmanuelle. Que penses-tu de tout ça, toi?

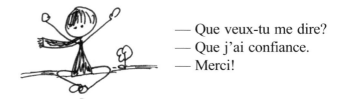

— Que veux-tu me dire?
— Que j'ai confiance.
— Merci!

13h45. Tantôt, dans la salle d'attente, j'ai eu l'impression bizarre que quelque chose sortait de moi, quelque chose de dépassé, de plus nécessaire. En entrant dans l'hôpital, j'ai pensé qu'il faisait meilleur dehors, que je respirais mieux dehors. Je n'ai plus besoin de la maladie pour vivre. Étrange réflexion qui m'habite à nouveau.

13h46. …. Je…

14h25. Je suis à la chapelle de l'hôpital, assise sur une chaise éclairée par les rayons du soleil. En entrant en ce lieu, j'ai dit: «Est-ce que j'ai le droit de pleurer?»

Je ne me rappelle pas exactement comment le médecin a introduit le sujet, mais elle a voulu voir ma cicatrice avant de me donner les résultats de ma chirurgie. Ça m'a mis la puce à l'oreille. Elle venait de téléphoner au pathologiste qui avait regardé mes lames. Elle a déposé sur la table le petit papier qu'elle avait griffonné: trois foyers d'intracanalaire. […] Voilà la réalité, la vérité comme il était écrit sur ma petite carte pigée ce matin. Ça a cogné. Je croyais rêver. Encore une fois! Le pathologiste aurait évoqué la possibilité d'enlever le sein.

J'ai pensé à mes enfants, mes deux amours. Votre mère va se battre pour passer au travers, pour continuer de vous accompagner, pour continuer de cheminer avec vous. Seigneur Jésus, je te regarde sur la croix. Aide-moi à saisir le sens de ce nouvel épisode. J'étais pourtant prête à vivre sans la maladie, prête à vivre… J'avais deux souhaits avant de passer au bistouri: s'il y avait quelque chose, qu'on le trouve et qu'il n'y ait pas d'infiltration. Froidement dit, mes deux souhaits ont été exaucés; on a trouvé et il n'y a pas d'infiltration. Le médecin a ressenti ma tristesse face à ma famille, face aux enfants. Elle a été bien empathique.

— Qu'est-ce que tu dis?
— Est-ce que j'en ai marre ou est-ce que je suis triste?
— Je suis triste, mais tout ce que j'ai écrit ce matin et avant demeure vrai.

— Je crie à la vie: *Je suis là, ne m'oublie pas. Je t'aime, tu sais. Je l'ai dit tantôt et c'est bien enraciné dans mes cellules.* Oui à la vie!

Je portais des cellules de mort. Se pourrait-il que des cellules en moi ne voulaient pas vivre et que le bistouri les ait enlevées?

— Qu'est-ce que tu en dis, Renée-Emmanuelle?
— Je crois que tu as raison. C'étaient des cellules qui ne voulaient pas vivre et elles n'y sont plus.

Il est 14h55.
— Ta présence, Renée-Emmanuelle, me fait du bien. Dis, tu veux rester avec moi et continuer de m'aider à réfléchir, à ressentir?
— Oui!
— Ensemble, on va y arriver, ensemble on va se battre. Je vais aller prendre un café puis retourner à la maison parler à Camille, aux enfants, à maman puis on verra…

— Merci Renée-Emmanuelle!
— Tu as le droit d'être triste, mais la vie c'est fort, tu sais.
— On va y arriver.
— Qui dit cela, Renée ou Renée-Emmanuelle?
— Les deux, je crois.

Ce qui n'est pas infiltrant maintenant l'aurait peut-être été dans quelques mois. Mon crayon m'a abandonnée. Il est temps d'arrêter d'écrire ou de changer de plume. Je récite un *Notre Père* et un *Je vous salue Marie* avant de partir. *Seigneur, guide ma pensée, mes mots et ma parole dans ce que j'ai à annoncer aux miens.*

Avant de sortir de la chapelle, j'ai déposé dans l'urne au pied de l'autel deux papiers sur lesquels j'ai inscrit des intentions. *Seigneur, aide-moi à trouver mon chemin à travers le vécu de ce quatrième épisode de cancer. Je garde confiance!* L'autre inten-

tion est pour Suzanne qui, elle, recevra ses résultats de chirurgie...
demain.

* * *

18 août 1999. (Dix-sept mois plus tard)

— Dis, Renée-Emmanuelle, qu'est-ce que tu en penses vraiment, toi? Tu es d'accord pour que je te dévoile à d'autres, pour que je te fasse connaître à d'autres? Je te laisse penser; dis-moi vraiment. Prends le temps qu'il te faut!

— Oui! Je suis d'accord. Je veux parler au cœur des gens, au cœur de ceux qui ont mal et qui souffrent.

— Merci, merci beaucoup! Le rêve est lancé dans mon cœur et dans l'univers...

Chapitre 2

Mots courants, maux cachés
et maux croisés

Accepter de m'arrêter
et de me déposer,
accepter de baisser les bras,
en toute confiance,
pour mieux ouvrir mon cœur à l'essentiel.

Les irritants au quotidien

— Qu'est-ce qui se passe? On dirait que ça ne va pas.

— Aujourd'hui, tout va mal. Tout va tout croche.

— Un de ces matins où l'on se dit que l'on aurait mieux fait de ne pas se lever?

— Oui, exactement! C'est l'assiette cassée au déjeuner, c'est la plante échappée à cause d'un geste maladroit, c'est la distraction qui m'a fait rater mon arrêt d'autobus, c'est la longue file d'attente pour échanger un vêtement, c'est la télévision du voisin qui joue trop fort. Bref, je me sens irritée, frustrée et impatiente.

— Et quoi encore?

— J'attendais un coup de téléphone d'un ami et… je ne l'ai pas reçu. Je suis contrariée et surtout, cela m'attriste.

* * *

Plus que ceux qui me contrarient dans mes activités diverses, les plus grands irritants au quotidien sont en général ceux qui irritent mon cœur parce qu'ils lèvent le voile sur un grand bassin de tristesse, et même de colère, qui sommeille en moi.

Au voleur!

— Je suis fâchée.

— Fâchée de...?

— Je me suis fait voler... mon énergie, ma liberté, ma confiance en moi, mon estime et même l'image de moi.... tout! La maladie m'a volé ma santé et tout le reste, ce n'est pas juste. Je ne l'ai pas vue venir. Je vivais normalement et puis vlan!, tout a changé depuis cette maladie. Je n'ai rien à dire, c'est ça et c'est fait. J'ai l'impression de tout me faire voler, ma santé, mes rêves et même ma vie. À la place je vis l'anxiété, l'angoisse, le stress, l'incertitude, la fatigue et la peur, cette maudite peur de tout, cette peur de mourir. Si tu savais combien je suis mal! C'est le chaos en dedans.

— Qu'est-ce que tu peux faire?

— J'ai juste besoin de crier de toutes mes forces: *Au voleur, au voleur!* Qui m'entend? Qui répondra? Probablement personne, juste moi, mais c'est déjà beaucoup!

* * *

Le cœur a besoin de crier sa peine, sa colère et son sentiment d'injustice. Ce cri libère un espace intérieur pour la suite, c'est-à-dire pour composer et créer avec la situation.

J'ai mal au cœur!

— Tu as un air curieux aujourd'hui!

— J'ai mal au cœur. Pas un mal de cœur d'indigestion, pas un mal de cœur à vomir, un bizarre de mal de cœur.

— C'est-à-dire?

— Je crois que ni mon muscle cardiaque ni mon estomac ne sont vraiment malades. Est-ce que ça se peut un *mal au cœur* qui veut plutôt dire *j'ai mal à mon cœur*? Quand mon cœur a mal, il devient souvent muet; il plonge alors dans le silence et la solitude et il pleure par en dedans.

— Dis, tu veux faire une place à ton cœur qui a mal et l'aider à accueillir, à déposer et à écouter sa peine?

* * *

Un cœur touché et blessé par l'annonce d'une maladie grave, par une séparation, par la perte d'un être cher ou par tout autre choc émotif, a besoin de pleurer, de dire et de raconter sa peine, sa tristesse et sa douleur intérieure profonde.

Suspendue au temps

— Je me sens coincée par le temps, suspendue au temps qui passe, qui court, qui file et qui m'oblige à un rendez-vous, à une activité, à une attente ou à un travail. J'ai parfois l'impression d'y être accrochée, d'être dépendante du tic-tac de l'horloge, coincée même entre deux battements du pendule. C'est comme si j'avais peur d'échapper le temps, peur qu'il parte et qu'il m'oublie. Est-ce que c'est comme ça pour tout le monde?

— Si tu es suspendue au temps, c'est lui qui décide du mouvement et du rythme et tu n'as qu'à suivre. Il est comme une grosse machine distributrice à laquelle tu es accrochée, de peur de ne pas avoir ta part. Les événements de la vie nous précipitent, c'est vrai, mais si tu lâchais prise, est-ce que tu ne réussirais pas à prendre le temps plutôt que d'y être suspendue de peur de le perdre?

* * *

Le temps est… tout simplement moulé aux battements de mon cœur. Il n'existe pas vraiment en soi. Nous existons, baignés dans la mer de l'infini et de l'éternité. Il m'appartient de *prendre le temps* de *prendre mon temps*.

Au milieu de nulle part

— À l'instant, je me sens au milieu de nulle part. C'est une sensation de malaise indescriptible, un inconfort inqualifiable. Je serais seule sous l'Arc de triomphe que ça ressemblerait à cela. Autour, tout bouge et tourne. Moi, je suis là avec un curieux sentiment d'être perdue.

— Je peux te poser une question? Est-ce que tu te sens *au milieu de nulle part* ou ne serait-ce pas plutôt *seule au milieu de nulle part*?

— Tu as raison, c'est vrai. Dans le fond, peu importe l'endroit, je crois que le sentiment serait le même. Je serais dans un grand parc, au milieu des gens dans un magasin grande surface, au milieu d'une foule ou encore dans un train bondé que je me sentirais seule.

— Une solitude sans repères, ajoutée à un sentiment bizarre qui frôle la panique, crée un fouillis de sensations très difficiles à vivre et surtout à accepter.

— Tu peux me prendre la main? Ça ferait du bien à mon cœur.

* * *

L'espace d'un instant, j'ai aperçu ton cœur souffrant, grelottant et perdu au fond de tes yeux. Dans le silence du regard, je t'ai ouvert mon cœur.

Du passé simple au présent composé

— Tu vois, maintenant tout est tellement compliqué. Avant, je n'avais pas tous ces problèmes. Je vivais simplement au jour le jour sans trop me poser de questions. Depuis la maladie (ou tout autre événement important), on dirait que quelqu'un a mélangé toute ma vie et il n'y a plus rien de pareil. Après une affaire, c'est une autre et je suis toujours inquiète. Tout est plus compliqué de jour en jour. J'ai peine à m'y retrouver. Je m'ennuie de ma vie d'avant. Tu y comprends quelque chose, toi, dans mon présent composé?

— Tu sais, rien ne sera plus comme avant parce qu'aujourd'hui, tu es différente d'hier. Les événements, les moments difficiles ont changé quelque chose en toi, et ce, pour toujours.

* * *

Sur la route de ma vie, je peux regarder en arrière et ressentir une certaine nostalgie. Chaque secousse de ma vie me façonne pourtant un peu différemment. Chaque secousse de ma vie est comme un coup de ciseau du sculpteur qui réalise son œuvre.

Les blocs-âges

Il y a des événements, des vécus qui nous ont marqués bien profondément et qui ont blessé notre cœur d'enfant. Mais tu sais, un cœur d'enfant peut être blessé même lorsqu'il est à l'âge adulte. Souvent les gens ne comprennent pas ça. Un *blocage*, c'est une blessure provoquée par un instant trop difficile à vivre pour un cœur. Les yeux du cœur se ferment et ils emprisonnent la blessure qui devient dès lors un *bloc-âge*. Avec le temps, le *bloc-âge* grossit, se complique et s'ajoute à d'autres, ce qui a pour effet de ralentir de plus en plus le courant de vie en soi. Chaque personne a ses propres blocages des différents âges de sa vie. Lorsqu'il y a trop de *blocs-âges*, ça ne va pas, mais pas du tout! Il faut alors chercher de l'aide pour permettre au cœur de rétablir le courant de vie avant que tout ne déborde ou ne parte à la dérive.

* * *

Je fais un grand pas sur mon chemin de guérison intérieure lorsque j'accepte de lever l'embâcle des *blocs-âges* de ma vie.

Quand la maladie prend toute la place

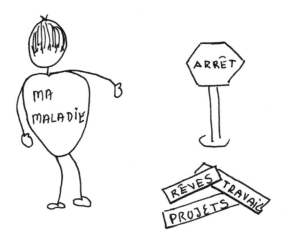

— C'est vrai, la maladie a pris toute la place en moi. On dirait que cette inconnue m'a envahie et qu'il n'y a plus rien d'autre. Elle a tassé mes projets, a fait fondre mes rêves, m'a éloignée de certaines personnes et m'a retirée du travail. Elle a fait un fouillis avec mes émotions, un vrai méli-mélo intérieur. Quand on m'appelle, souvent, ce n'est pas de moi que l'on demande des nouvelles, c'est de ma maladie! Il m'arrive d'avoir envie de crier: «Je ne suis pas que ma maladie!»

— Et pourquoi est-ce que tu ne le ferais pas?

* * *

Rappeler aux autres que je ne suis pas que ma maladie, c'est aussi et surtout me le dire à moi. Ça fait du bien de me le dire et de me le répéter pour mieux l'ancrer en moi.

Ça ne tient... qu'à un fil

    — Il est des jours où je ressens vraiment à quel point notre vie, ma vie, ne tient qu'à un fil. Si fragile, tellement fragile! Je pense à l'enfant parti dans un accident de voiture, cet autre noyé, la voisine décédée subitement et tous les gens gravement malades. Des fois, j'ai l'impression de palper cette fragilité avec la pointe de mon cœur. Mais dis-moi, qu'est-ce qui retient ce fil?

    — La source de Vie, la Source divine.

    — C'est stressant de vivre ainsi avec la peur que ma vie pourrait finir à tout instant.

    — Si les fleurs vivaient dans la peur d'être foulées et écrasées par les pieds des passants, elles n'ouvriraient jamais leurs bourgeons puis leurs pétales au soleil et à la vie. Je peux choisir de m'accrocher au fil de ma vie avec peur jusqu'au jour où il sera coupé ou d'y rester branchée avec énergie et confiance comme le fait celui qui escalade une montagne et espère en atteindre le sommet.

* * *

    Plonger dans la vie, c'est accepter l'incertitude de demain et l'inconnu devant moi, animée d'une confiance aveugle qui peut faire sourire ou peut-être même faire peur autour de moi.

Je me traîne... et quoi encore?

— Tu veux que je te dise? En mettant des mots sur ce que je ressens, principalement lorsque c'est plus difficile, j'ai appris à mieux me connaître et c'est avec l'encre de mon cœur que j'ai réussi à l'illustrer.

Je me traîne: c'est lorsque j'ai de la difficulté à me mobiliser, à me motiver. On dirait que je veux et que je ne veux pas en même temps.

Je suis en morceaux: c'est lorsque je me sens toute croche, éparpillée, désarticulée même. En fait, la tête et le cœur ne communiquent pas. Je ne sais pas vraiment où je vais.

Je traîne ma vie: alors là, c'est pénible de vivre, d'exister, d'être là. Tout est lourd sur mes épaules. Ces jours-là, je rêve de voler comme un oiseau dans le ciel.

La question revient toujours à: Pourquoi est-ce qu'aujourd'hui je me traîne, pourquoi est-ce que je suis en morceaux et pourquoi je traîne ma vie? Une fois les questions posées, la réponse vient toujours... si on lui laisse la chance de s'exprimer.

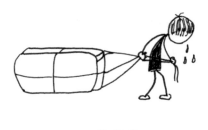

* * *

En illustrant comment je me sens et en me laissant imprégner de ces dessins, j'ouvre mon cœur à une précieuse richesse intérieure qui me parle souvent beaucoup plus que les mots.

Épreuve à l'effort

— Tu as déjà passé un électrocardiogramme à l'effort? On avance sur un tapis qui roule, la pente et la cadence de ce dernier augmentant progressivement. Des électrodes collées sur nous enregistrent les battements du cœur et peuvent détecter si, à l'effort physique, et ce, même si la personne ne ressent aucun malaise, le cœur a une certaine souffrance (effort équivalent au pelletage, par exemple). Après l'examen, le tapis roulant revient à la normale et le cœur récupère de son effort.

J'ai souvent l'impression de passer des épreuves à l'effort, à la différence cependant qu'aucun appareil d'enregistrement ne pourrait capter la souffrance de mon cœur. C'est le deuil d'un ami décédé, c'est un parent en perte d'autonomie, ce sont les cicatrices psychologiques de mes épisodes de maladie et les séquelles physiques, c'est la peur et l'anxiété face à ce qui vient; bref, le cœur a à peine le temps de récupérer un peu qu'il est à nouveau propulsé au pied de la côte pour une nouvelle épreuve à l'effort. Est-ce qu'on s'y habitue?

— On apprend à vivre avec, à vivre différemment et à composer avec les efforts répétés à fournir.

* * *

Si je ne donne pas à mon *cœur-émotion* un espace et un temps pour récupérer de l'effort qu'il a dû fournir, qui le fera?

La goutte qui fait déborder

Trop, c'est trop! Voilà où j'en suis. Il y a quelque chose en moi qui n'est plus capable d'en prendre. Ça va éclater, exploser ou bien je vais m'effondrer. Je me sentais déjà les nerfs à fleur de peau, rongée par l'anxiété, la peur et l'angoisse. Je n'avais rien d'autre à faire que d'attendre et espérer. Et voilà, le coup est venu: une autre mauvaise nouvelle que j'appréhendais. J'aurais tellement souhaité que ce soit différent, mais non. Voilà un autre coup de la vie. Pourquoi? Est-ce que je mérite cela? Et puis zut alors! Je suis à la fois fâchée et triste, tellement triste. L'image qui me vient est celle que j'ai dessinée.

Je crois que je vais continuer de pleurer parce que, pour l'instant, ça me fait du bien. Laisser sortir au risque que ça déborde et puis, dans le fond, pourquoi pas? Doucement je reprends mon souffle. Si ma limite est atteinte, qui peut m'aider à y voir clair? Qui peut m'aider... à m'aider?

* * *

Si la goutte qui provoque le débordement fait si mal, c'est souvent qu'elle se dépose dans un vase... déjà plein!

Où est la clé?

Il m'arrive d'avoir une drôle de sensation! J'ai l'impression de chercher quelque chose et de ne pas le trouver. La sensation est très forte, mais la solution ne m'apparaît vraiment pas.

Tu sais quoi? Les images qui me viennent alors sont des images d'un rêve de mon enfance. Je suis devant une porte que je veux ouvrir. Cette dernière est verrouillée et je n'ai pas la clé, une toute petite clé qui a la particularité de fondre à la chaleur! Je fouille mes poches, mon sac à dos, je demande aux voisins, bref, pas moyen de mettre la main sur la clé. Ça me contrarie et ça m'attriste. J'insiste parce qu'il est important pour moi d'ouvrir cette porte jusqu'au moment où je me rappelle que je n'ai pas la clé parce que... je l'ai avalée. Quel pétrin! Pourquoi ai-je fait cela? Question sans réponse. Bien sûr, ce n'était qu'un rêve...!

* * *

On a souvent au fond de soi la réponse et la solution à un problème, la réponse et la solution à une recherche intérieure. Il nous arrive souvent de chercher ce que l'on a déjà.

Mes amis disparus

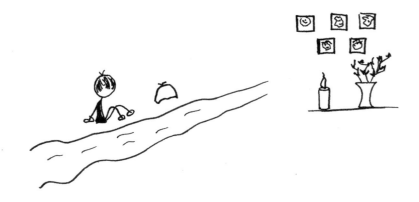

— Au fil des années, je les ai connus, je les ai aimés. La maladie les a emportés l'un après l'autre, parfois très jeunes, trop jeunes. Ils étaient là. Ils n'y sont plus! Lorsque survient un nouveau départ, j'ai souvent l'impression de ne pas en saisir le sens. Mourir si jeune et après tant de souffrances. Mais pourquoi donc? Hier encore, un ami est parti. Il était d'une telle sérénité face à la maladie et face à la mort. Ce matin, mon cœur est triste et je prie en silence. Je me rappelle ses réflexions, des réflexions si profondes, si riches de sens et pleines de confiance et de lâcher prise. Il est parti, mais a laissé des semences de vie dans mon cœur et dans celui de ses proches. Je l'entends encore nous dire: «Je veux Guérir avant d'être guéri.»

— Tu sais ce que je ressens? Comme une petite voix en moi qui me murmure: «Tu es encore là, tu as quelque chose à faire: malgré la peine, poursuis ta route!»

* * *

Chacun d'entre nous a un champ à ensemencer tout au long de sa vie. J'ai un champ à ensemencer de mes richesses, de mes ressources, de mon amour et de tout ce que je suis.

La face cachée des mots

Il y a les mots que l'on dit et ceux que l'on ne dit pas. Il y a les mots que l'on ne veut pas dire et ceux que l'on n'ose pas dire. Il y a les mots que l'on dit et qui, dans le fond, veulent dire autre chose. Quand je dis *J'ai froid*, je masque ainsi souvent ma peur, une immense peur intérieure. Tu sais, j'ai appris quelque chose. En parlant avec quelqu'un, si je prends le temps de bien l'écouter, de le regarder droit dans les yeux et si je laisse les mots prononcés se déposer, je peux alors très souvent saisir les *maux* cachés derrière ses *mots*. C'est magique, si on s'en laisse la chance. J'ai appelé ça le secret des mots. Malheureusement, trop souvent on ne prend pas le temps d'écouter ou, encore pire, on écoute en pensant à autre chose.

— Tu sais quoi? Fréquemment la personne qui dit les mots ne sait même pas ce qui se cache vraiment derrière ses propres mots. Le cœur est coquin: il dissimule, il enveloppe, il déjoue pour les autres et même pour soi.

* * *

Les mots sont beaucoup plus que des mots. Ils articulent et traduisent les secousses, les courants de joie, de tristesse et de vie de mon cœur.

Derrière le pansement

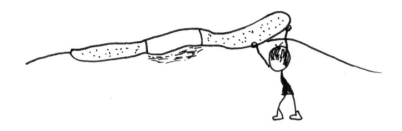

— Il t'est déjà arrivé de mettre un pansement sur une plaie, en situation d'urgence, et d'oublier de l'enlever? Le lendemain, la douleur ou la rougeur seront là pour te rappeler qu'il y a là-dessous une plaie réclamant de l'attention. Une coupure ou une blessure demande des soins: nettoyage, désinfection, application d'une crème antibiotique et parfois suture. Il y a même des plaies qui nécessitent un débridement, autrement dit, il faut enlever les morceaux de peau morte avant de suturer. Par la suite, le pansement sera changé régulièrement et la plaie nettoyée à nouveau jusqu'à guérison.

— Il est de ces blessures à notre cœur, blessures sur lesquelles on a appliqué des pansements d'urgence pour arrêter l'hémorragie de tristesse et pour protéger, mais les soins se sont arrêtés là. La blessure n'a plus jamais eu aucun autre soin. Les mois et les années ont passé. Un jour, la situation se complique; derrière la blessure, il s'est formé un abcès, un immense abcès menaçant qui doit être ouvert et drainé.

* * *

Je dois un jour accepter de mettre à nu les blessures cachées et dissimulées dans mon cœur. L'étape la plus difficile est possiblement d'y consentir et, si nécessaire, d'aller chercher une aide extérieure pour me guider.

Des listes et des piles

J'ai l'impression d'un vide, d'un trou dans mon cœur et dans ma vie. Des listes pour demain, des piles d'hier: voilà qui résume la situation. Ma vie se situe quelque part entre des piles et des listes. Tout à coup, je suis mal et tellement fragile, avec cette sensation profonde de n'être qu'un corps assis là sur ce banc, un corps mou, sans colonne vertébrale, sans énergie et sans étincelle, un corps sans ressort, abandonné à la vie, à sa vie. J'ai envie de me coucher et de glisser dans le sommeil. Les piles s'accumulent et augmentent. Le *À faire* ne fait qu'augmenter. Des réalités, des pages de vie lourdes à tourner, des doutes, des regrets, des inquiétudes… Où aller puiser l'énergie nécessaire? Où retrouver la façon de me ressentir, de m'intérioriser, de me recueillir, de prier?

Quand les piles du passé et les listes du futur m'écrasent et m'étouffent, il y a urgence d'accueillir le malaise, et surtout, de poser un premier geste concret pour recréer l'harmonie extérieure source d'harmonie intérieure. Lorsque mon cœur accepte de répondre à la question *Qu'est-ce qui est prioritaire pour que je me sente mieux?*, les piles du passé risquent concrètement de diminuer et les listes du futur, pour leur part, seront probablement réduites de moitié.

* * *

J'ai à libérer une place extérieure et intérieure pour créer et vivre mon *aujourd'hui*.

Mise à nu

— Où es-tu?

— J'essaie d'enfiler une jaquette. J'ai froid, je me sens toute nue, toute petite et... j'ai peur!

— C'est vrai, enlever nos vêtements pour mettre la jaquette, c'est enlever notre statut, nos pelures sociales et autres. C'est mettre un vêtement qui nous uniformise tous, qui nous nivelle tous et nous plonge dans l'anonymat. Derrière ce léger tissu de coton, il n'y a que moi et j'avoue m'être souvent sentie si petite et si nue, non seulement de corps mais aussi de cœur et d'âme.

Passer un examen radiologique ou autre, c'est laisser la science me scruter et fouiller mon corps pour y détecter des anomalies. Aller à la salle d'opération, étendue sur une civière et dépouillée de tout sauf de la jaquette, c'est m'abandonner à la science des hommes pour enrayer un problème de mon organisme. Peur, humilité, confiance, abandon et surtout impuissance: voilà ce que j'ai vécu en jaquette.

— Tu sais quoi? Je rêve que tous les grands de ce monde et que tous les futurs médecins enfilent un jour la jaquette afin de vivre ce que c'est vraiment que d'être mis à nu.

* * *

Accepter de glisser au fond de ma fragilité pour mieux y découvrir la pureté et la beauté de mon âme mise à nu.

C'est trop lourd

— C'est trop lourd!

— Qu'est-ce qui est trop lourd?

— Tout! Des responsabilités: j'en accumule, la vie m'en donne et je m'en donne. Ma planification d'activité et mon agenda: j'en prends trop et je ne suis pas très réaliste. À cela, il faut ajouter les imprévus qui n'ont pas de place mais auxquels je dois bien en faire, surtout quand l'alarme *urgence* sonne. Le résultat? Je suis à court de temps et d'énergie, je me décourage parce que je n'ai pas l'impression d'avancer, je ne règle rien pour de vrai puisque je voltige d'une occupation à l'autre et... je suis à bout de souffle. Ouf!

— Il y a là un sérieux problème.

— Je le sais et surtout je le sens. Je me sens frustrée et je ne suis pas bien. J'ai l'impression de passer à côté d'une partie de ma vie, à côté de l'essentiel.

— Tu connais l'exercice du choix des priorités.

— Je le connais, je le fais, mais je l'oublie. Je ne le mets pas vraiment en pratique.

— Si la base est solide, bien établie et bien ancrée, le reste se placera beaucoup mieux.

— Je reprends à zéro mais pour de bon cette fois-ci. Avant tout, un temps de pause pour me recentrer, pour reprendre mon souffle. C'est ma vie, mes choix, mes priorités.

Je...

... me fuis

... me suis éloignée de moi

... me cherche

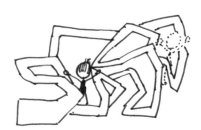

... veux me retrouver

Des expressions très riches de sens, très révélatrices.

Je me fuis: c'est lorsque je choisis de ne pas m'arrêter à moi, de ne pas m'occuper de ce qui me préoccupe, lorsque je ne me laisse pas le temps de m'écouter et surtout d'écouter ma réponse intérieure, peut-être parce que la réponse me fait peur. J'ai même de la difficulté à m'attraper dans le miroir.

Je me suis éloignée de moi: alors là, je ne me juge pas assez importante pour m'occuper de moi. La distance crée une certaine froideur en moi, bref, il n'y a plus rien, ou presque, qui risque de me faire quelque chose. Tranquillement, je m'insensibilise à moi-même. On dirait que je me boude.

Je me cherche: c'est comme un cri du cœur, un cri que l'on a parfois l'impression de perdre dans le vide. Je me sens tellement

43

seule, démunie et mal, que je me mets à la recherche de mon moi intérieur. À la fois un labyrinthe et une lueur d'espoir.

Je veux me retrouver: c'est un pas de plus pour retrouver mon enfant intérieur, c'est un besoin qui fait naître une action concrète, une démarche et un engagement. Le contact peut se créer et… porter fruit.

* * *

Sur mon chemin de guérison, les étapes sont des pas parfois difficiles à faire mais indispensables.

J'ai perdu mon chandail

J'étais allée prendre un café avec une amie.
Dans l'animation et la chaleur de notre discussion,
je suis partie en ramassant rapidement sac à dos et sac à main.
Ce n'est que le lendemain,
un matin plutôt frisquet,
que j'ai constaté que
j'avais oublié mon chandail au café.
Un coup de téléphone au resto:
— *Les objets retrouvés sont sous clé*
dans le bureau du directeur.
Rappelez cet après-midi.
Ce que j'ai fait à l'heure indiquée.
— *Non! Il y a un manteau noir,*
mais pas votre chandail.
Ample, chaud et doux,
j'aimais le mettre pour ma marche du matin
et pour les fins de soirée.
En fait, il ne m'appartenait pas;
il était à Camille, mon conjoint.
Voilà des années que je le lui volais.
Je l'avais tellement mis!
J'avais même brisé la fermeture éclair.
Dans le fond!
Quelque chose m'a poussée à rappeler
pour laisser mon numéro de téléphone au patron,
au cas où…
Pourquoi m'accrocher à vouloir retrouver un tel chandail?
Je me disais: *Oublie ça! Quelqu'un l'a emporté.*
Je me suis quand même présentée à nouveau
au café deux jours plus tard et je me suis informée.

La caissière m'a répondu,
d'une voix ferme et sèche:
— *Madame, on ne l'a pas, votre chandail!*
Secouée, je suis allée boire mon café,
seule, gênée d'avoir encore posé la question.
Sa réponse a eu l'effet d'une gifle
sur mon cœur d'enfant.
Derrière la chaleur du chandail,
il y avait beaucoup plus.
J'ai déposé quelques mots dans mon journal,
question de consoler ma blessure.
À partir de là,
j'ai accepté de lâcher prise sur mon chandail.
Je venais de franchir une étape de deuil.

Trois jours plus tard,
un message sur le répondeur disait:
— *On a retrouvé votre chandail!*
Vous pouvez venir le chercher!

Chapitre 3

Questions sans réponses

Je me pose souvent des questions,
beaucoup de questions.
Je cherche, j'attends des réponses et parfois...
je m'invente des réponses.
La nature me livre son message, tout doucement...

> *La vie a ses secrets*
> *qu'il faut simplement accueillir.*
> *La vie se charge d'aller puiser,*
> *au bon endroit et au bon moment,*
> *ce dont elle a besoin...*
> *Il ne faut pas toujours chercher*
> *la logique des choses!*

La barre est trop haute!

— Je n'y arriverai pas: la barre est trop haute! C'est l'impression que j'ai. Trop de choses en même temps! Trop de stress, d'anxiété, d'angoisse. J'ai peur que mes nerfs flanchent. Je ne vois pas le bout du bout. Je me décourage. La vie me demande trop. Je n'ai pas la force. Je n'ai plus l'énergie de faire face à tout. J'espère toujours que demain ce sera mieux, plus facile.

— Tu sais quoi? Il y a les secousses de la vie, le non-prévisible, c'est vrai, mais il y a aussi la barre que l'on se met soi-même trop haute, ou encore la barre que les autres mettent pour nous. Qui te demande trop? La vie, les autres ou toi-même? Est-ce que tu as pensé à baisser un peu la barre? Plutôt que de t'acharner et t'épuiser, serait-il acceptable de diminuer tes propres attentes, ta performance, ton rendement, du moins pour un temps, quitte à réévaluer par après?

* * *

Prendre soin de moi, ça peut vouloir dire m'arrêter un moment et me demander: *À quelle hauteur la vie me met-elle réellement la barre? À quelle hauteur est-ce que je me mets la barre?*

Je cherche ma place

— Qu'est-ce que tu fais?

— Quand je fais un casse-tête, il m'arrive d'avoir peur de ne pas trouver la bonne place, peur de me tromper ou encore de manquer de morceaux à la fin. Tous les morceaux du casse-tête sont à la fois imbriqués et interreliés. C'est comme dans la vie. Chaque morceau de notre vie a sa place et à tout moment il nous faut trouver notre place, nous situer et nous resituer. L'ensemble forme un grand casse-tête qui devient une immense mosaïque.

— Notre vie est un énorme casse-tête de plusieurs milliers de morceaux. Les événements, les étapes, les joies, les peines, les grandes amitiés et les grands amours, la famille, les histoires de cœur, le travail, les loisirs, les souvenirs, bref, tout doit s'articuler au bon moment et à la bonne place. Rien d'évident lorsque l'on est dedans et très proche. Il faut souvent prendre un peu de recul, aussi bien dans le temps que dans l'espace, pour avoir une vue d'ensemble.

* * *

Ma vie est un grand casse-tête au milieu duquel je dois me trouver et me situer. Peu à peu, le casse-tête devient une création originale et une œuvre unique.

Présent bousculé, futur incertain, passé ébranlé

Tout est bousculé aujourd'hui: horaire, agenda, routine quotidienne. Plus rien ne semble tenir et il s'ajoute plein d'imprévus.

La maladie a fait fondre la confiance aveugle que j'avais en l'avenir, en demain. Maintenant, demain n'est qu'incertitude et questions.

Bizarrement, même mon passé chambranle. J'y vois des crevasses comme si j'avais construit mon monde sur des fondations fragiles. Des doutes du passé refont surface. À tout coup, le grand tricot de ma vie dissimule des mailles échappées. Je ne sais plus si j'aurai même assez de laine pour terminer le tricot!

* * *

Accepter de m'arrêter pour ressentir l'inconfort de ce que je vis, c'est accepter de déposer un moment le grand tricot de ma vie et de reprendre mon souffle avant de poursuivre.

C'est le grand brouillard

— Voilà! Comment puis-je voir? C'est le grand brouillard. Je n'y vois plus rien. Pourtant le soleil est là. Je sais qu'il est là, qu'il va se lever, mais je ne puis le voir. Est-ce que c'est seulement moi qui suis dans le brouillard?

— Il est de ces moments où tout nous semble embrouillé, où l'on n'y voit plus clair ni dans notre vie ni en nous. Une situation de choc, une grande inquiétude, un bouleversement intérieur, une mauvaise nouvelle et nous voilà plongés dans un épais brouillard intérieur, sans repères, sans rien pour nous accrocher, rien pour nous guider et avec de la difficulté à respirer, tellement le brouillard est épais. Il est même possible que l'on ne voie pas la personne qui est devant nous pour nous aider.

* * *

Du désordre intérieur peut surgir un mouvement harmonieux nouveau. Du remous intérieur et du grand brouillard peut naître une grande sérénité. Parce qu'ils sont un passage, j'accepte de vivre le brouillard et le désordre.

La rose privée d'eau

Je suis triste! Il y a trois jours, j'ai reçu une magnifique rose. Elle était toute droite, toute ferme et merveilleusement belle. Après l'avoir sentie, admirée et mise dans l'eau d'un vase, je l'ai déposée sur le meuble tout à côté de mes livres, et voilà... je l'ai oubliée. Ce matin, le cœur attristé, j'ai constaté que la fleur était irréversiblement penchée. J'ai oublié de changer l'eau et de recouper l'extrémité de la tige pour qu'elle puisse recevoir en son cœur l'eau indispensable, alors ses pétales ont commencé à se laisser tomber. *Ton bouton de fleur de rose est encore tout ferme, mais tu ne tiens plus sans appui, sans béquille. J'ai mis un tuteur pour redresser ta tige et ta fleur et j'ai coupé le bout de ta tige, dans l'espoir que tu puisses récupérer. Je suis attristée et désolée, chère amie, vraiment désolée. Comment ai-je pu t'oublier, toi la rose si belle?*

L'histoire de ma rose privée d'eau m'a fait penser à tous ces gens jeunes, beaux, en santé et pleins de vie qui ne veulent plus vivre, qui choisissent de mourir avant d'être éclos, parce que leur cœur se sent coupé et privé de l'amour dont ils auraient pourtant tellement besoin mais qui ne les rejoint malheureusement plus.

* * *

Un cœur en souffrance, c'est comme une rose privée d'eau!

Je cours après la vie

— Qu'est-ce que tu fais?

— Je cours.

— Tu cours après quoi?

— Je cours parce que j'ai un rendez-vous et que je me suis levée en retard, je cours parce que je veux faire une course que je n'aurai pas le temps de faire demain, je cours pour essayer de rattraper le retard d'hier (j'ai eu un imprévu et ça a bousculé ma journée), je cours pour aller rencontrer une amie entre deux rendez-vous, je cours pour remettre un travail, je fais même mes courses à la hâte, en fait je cours pour tout.

— Tu n'as pas parfois l'impression de vivre du *passé date*?

— Euh! oui, c'est vrai et j'en suis essoufflée. Comme je cours toujours et que je suis souvent en retard, finalement, c'est une roue sans fin, un cercle vicieux d'une activité à l'autre, d'un rendez-vous à l'autre, d'une journée à l'autre. J'ai beau planifier, je suis quand même précipitée avec la sensation que le temps me file entre les doigts et que je cours après la vie, après ma vie!

* * *

Prendre conscience que, au quotidien, je cours après ma vie et que ce rythme m'empêche de profiter du moment présent et est source de frustrations, c'est déjà un premier pas pour changer.

La ligne d'horizon

Je te raconte ma réflexion de ce matin.

Elle est bien délimitée, séparant d'un trait net le ciel bleu immaculé et les montagnes vert bouteille. Un peu plus à gauche, la séparation se dessine tout aussi clairement d'avec l'eau bleu foncé du fleuve. Nul doute pour l'œil que c'est là, à l'horizon, que le ciel et la terre se séparent. Réalité ou illusion? J'aurais beau marcher et courir pour rejoindre cette ligne d'horizon, jamais je n'y arriverais puisqu'en me rapprochant de mon but, je m'apercevrais que la réalité de ce que je comptais rejoindre n'existerait déjà plus et serait tout autre avec une nouvelle ligne d'horizon.

J'ai souvent dit à mon cœur, et je le croyais vraiment, que l'on allait y arriver, qu'il fallait y mettre encore un peu d'énergie et de courage et qu'une fois rendus à l'horizon, ça y serait, on pourrait en profiter, s'arrêter de courir et se reposer. Plus d'une fois, mon cœur m'a crue, a accepté de me suivre et de foncer vers cet horizon… inatteignable.

Je constate à quel point je peux profiter et goûter la beauté et le mystère de la ligne d'horizon sans nécessairement partir, courir et m'essouffler pour essayer de la rejoindre. La question continue cependant de flotter en moi et je la laisse m'habiter: *À l'horizon, le ciel et les montagnes se séparent-ils ou se rencontrent-ils?*

* * *

La nature déborde de questions sans réponse logique et c'est ce qui en fait un grand maître pour mon cœur.

Cœur à l'envers

— Je me sens le cœur à l'envers. C'est l'image qui illustre le mieux ma sensation, une sensation d'inconfort qui sent la bouillie, la fricassée, la compote. Pourquoi? Depuis quand? Qu'est-ce qui a déclenché cela? Je ne sais trop! Un événement qui m'a percutée, un regard qui m'a touchée, une réflexion que j'ai écrite dans mon journal, un moment de silence dont j'avais besoin et que j'ai ignoré, bref, je ne sais trop. J'en connais simplement le résultat. Mon cœur est à l'envers.

— Tu te sens triste?

— Je ne sais trop… peut-être! C'est le gros problème de mon cœur à l'envers. Il ne se ressent pas trop et c'est ce que je trouve le plus grave. Tu le sais, toi, si les larmes sortent par le haut ou par le bas du cœur? Si mon cœur est à l'envers, je crois bien que les larmes n'ont pas fini de sortir et de couler. Qu'est-ce que je peux faire?

— Accueillir ton petit cœur tel qu'il est, à l'envers. Ne pas le brusquer, ne pas le critiquer et surtout ne pas le juger. C'est comme ça aujourd'hui et voilà!

* * *

Le cœur à l'envers a besoin d'accueil, de respect, de douceur et de tendresse.

Question sans réponse

J'aurais aimé que quelqu'un puisse me répondre. J'ai saisi un jour que, face à une réalité comme celle du cancer, personne ne pourra jamais me donner l'assurance que je suis guérie. On espère que..., on pense que..., les examens de contrôle sont bons, mais on n'est jamais certain à cent pour cent. J'ai arrêté d'espérer une réponse de l'extérieur, et ce, malgré les progrès de la science. Le temps, les années constitueront le meilleur indicateur d'une guérison probable. On dit bien: *les traitements sont terminés.* Mes traitements extérieurs de chirurgie et de radiothérapie étaient achevés. Pourtant, je ne me sentais pas guérie; mon cœur et mon âme ne se sentaient pas guéris. La guérison, celle avec un grand G, n'était pas terminée. La guérison intérieure nécessitait et nécessite encore un cheminement et c'est de là que, tranquillement, naît le sentiment intérieur de guérison.

* * *

La vie n'attend pas de confirmation de guérison pour être. J'ai les deux pieds dedans. Elle est, ici et maintenant.

Radar intérieur

— Tu sais c'est quoi un *radar intérieur*?

— C'est ce petit œil magique qui sait et sent ce qui se passe en nous. Il suffit de savoir s'arrêter et de ressentir, ce qui n'est pas évident à première vue. Ça demande une ouverture et, il faut bien le dire, une certaine pratique.

Mon radar intérieur est un allié précieux, protecteur de ma vie et de ma santé. Il est certes très intuitif, mais les bases de son intuition sont ancrées au plus profond de moi. Parfois, il joue le rôle d'un détecteur de fumée, m'avertissant à sa façon que quelque chose ne va pas et qu'il y a du danger pour moi: *Attention! Ralentis! Besoin urgent de repos!* D'autres fois, il est comme le souffleur au théâtre et il me murmure: *Passe un test de cholestérol, va consulter.* Je dirais que mon radar intérieur est aussi mon petit sage, celui qui me prend la main, me conseille et me guide le cœur. Avant de passer un examen de contrôle après mon cancer du sein, il m'est arrivé plus d'une fois de m'arrêter un moment, de me centrer, de m'imaginer mon petit radar qui me scannait, d'en visualiser le parcours et le résultat. J'avoue que je me présentais beaucoup moins stressée à mon examen et déjà rassurée, intérieurement, quant au résultat. La science et l'intuition peuvent très bien se compléter.

* * *

Mon radar intérieur, c'est mon *œil magique*, mon *détecteur de fumée* et mon *sage intérieur*. Il me faut l'apprivoiser.

Pareille situation!

— Qu'est-ce que tu fais?

— J'essaie de garder l'équilibre!

— Qu'est-ce qui t'a pris de te mettre dans une pareille situation?

Il m'arrive de me mettre dans de fichues situations, de me mettre dans un pétrin dangereux. Est-ce que je surestime mes capacités, est-ce que j'ai le goût de l'aventure ou le besoin de me prouver quelque chose? On dirait que ma conscience du risque, de mes forces et surtout de mes limites, est anesthésiée. Je me sens alors ébranlée et divisée entre mes choix, mes engagements, mes priorités et les imprévus. Au milieu de tout cela, j'essaie de garder l'équilibre au détriment de ma santé physique et psychologique et avec le risque de couler à pic et de me blesser sérieusement.

Quoi faire alors? Réunir mes forces et me concentrer sur une chose: m'en sortir. Avancer tout doucement, le plus prudemment possible, un petit pas à la fois. Appeler de l'aide et prendre les moyens pour ne plus me mettre dans une telle situation.

* * *

Je dis que ma vie est précieuse, que ma santé n'a pas de prix. Pourtant je me mets, subtilement et inconsciemment peut-être, mais régulièrement, dans des situations de danger pour ma santé et pour ma vie. Pourquoi?

Un oiseau blessé peut-il encore voler?

— Qu'est-ce que tu fais?

— Je surveille l'oiseau; il est blessé. Je l'ai trouvé par terre ce matin; il se déplaçait en sautillant. Il a une aile qu'il ne peut déployer complètement. Il a essayé de voler, mais il n'a pas réussi. Je me suis approchée. Il a peur, je l'ai vu dans ses yeux. Je lui ai donné des graines et de l'eau, j'ai fait une petite clôture autour et… j'attends. Il a des amis qui volent autour de nous et qui semblent lui parler. Tu sais, toi, comment on soigne un oiseau?

— Un oiseau qui vole respire la liberté. Il va où il veut et il fait, à sa guise, toutes les pirouettes qu'il désire. Il descend se nourrir et s'abreuver comme bon lui semble et selon ce qui se présente sous ses ailes. La force de l'oiseau, c'est son vol dans le ciel. Un oiseau qui ne peut voler, c'est la fragilité même. En attendant qu'il guérisse, s'il en est capable, qu'il reprenne des forces et s'envole à nouveau, on ne peut que le nourrir et le protéger des prédateurs.

— Aïe! Aïe! Regarde, il a bougé son aile. Il a réussi à la déployer complètement et... il s'envole.

* * *

Je me suis souvent sentie comme un oiseau blessé, très fragile, très vulnérable et très menacée, avec un grand défi à relever, celui de guérir de l'intérieur.

Quand le cœur a mal à l'âme

— Il est de ces moments où je me demande si c'est mon cœur qui est sans âme ou si c'est mon âme qui est sans cœur. Tu comprends ce que je veux dire?

— Ce n'est pas évident.

— Tu sais, ces moments où tout est plein de vide en dedans, où il y a un grand trou qui fait mal et où je sens quelque chose d'insensible en moi, ces moments où j'ai l'impression que rien ne me fait rien et que mon cœur tombe sur le mode *veille*. Je me vois alors devant une immense autoroute à plusieurs voies observant les centaines de voitures circulant dans un sens et dans l'autre. Spectatrice de la vie, c'est ce que je deviens alors. Je me retire du mouvement de vie autour de moi et surtout en moi.

— Et pourquoi donc?

— Souvent il y a eu un grand vent, une tornade qui a menacé et blessé ma flamme intérieure ou encore il y a eu une tonne de colère étouffée au fond de moi. D'autres fois, l'accumulation de tristesse et de frustration a créé un état d'*écœurite aiguë,* lequel risque de me noyer le cœur et… l'âme.

* * *

Quand le cœur a mal à l'âme, c'est qu'il a très mal, trop mal. Quand mon cœur a mal à son âme, il a surtout besoin de se créer un petit nid intérieur, de se tourner vers le soleil et de prier tout doucement.

Encore plein de questions

Pourquoi? Quand? Jusqu'où? Comment ça se fait? Jusqu'à quand? Les questions que pose l'enfant signent son éveil, son désir d'apprendre et son intelligence. Nous, les adultes, nous apprenons aux enfants par nos réponses à leurs centaines de questions.

Dans notre monde de sciences et de technologie informatique, la réponse est de plus en plus à la portée du clavier. Il y a là un grand pas en ce qui a trait à l'accessibilité à l'information pour tous. Mais dans cet univers de réponse virtuelle rapide à presque tout, on accepte mal qu'il n'y ait pas de réponses à nos questions personnelles. La science, par exemple, n'a pas de réponses à toutes les questions concernant la maladie et l'évolution de la maladie d'une personne. Il y a là une zone d'inconnu qui laisse flotter le doute. La question sans réponse fait naître l'anxiété, le sentiment d'impuissance et l'angoisse.

J'ai appris avec le temps à déposer mes questions sans réponse et à laisser parler mon cœur sur le papier. Il m'est aussi déjà arrivé de les mettre dans un ballon et de les laisser s'envoler vers le ciel…

* * *

Dès que je consens à lâcher prise, dès que j'accepte de vivre avec mes questions et de vivre autrement plutôt qu'en attendant une réponse de l'extérieur, la réponse risque de venir… de l'intérieur.

Oser et plus

Oser: un petit mot de quatre lettres.
Oser: un mot magique très riche apparenté à d'autres mots qui
l'abritent et qui sont tout aussi chargés de sens et de messages.

Enfant, j'ai *posé* plein de questions sur tout.
Adulte, j'ai souvent eu l'impression
d'être pleine de questions et, dans le fond,
de me *reposer* les mêmes questions,
mais un peu différemment.
La vie m'amène fréquemment
à *opposer* mes idées à celles des autres,
levant le voile sur mes croyances, mes préjugés,
sans oublier mes résistances.
Dans le tourbillon de la vie,
accepter de me *reposer* le corps et l'esprit,
c'est accepter de *déposer* mes préoccupations,
mes difficultés et mes hésitations.
Il faut parfois ce temps d'arrêt et d'intériorité
pour pouvoir *composer* un nouveau scénario,
pour *poser* un regard neuf sur ce qui est
et sur ce que je vis
et pour pouvoir *apposer* mon oui du cœur,
signe de ma volonté et de mon engagement
à continuer, jour après jour,
d'*oser poser* un pied devant l'autre.

Chapitre 4

À cœur ouvert

Apprendre à aimer ce que l'on est
pour être vraiment
et pour devenir
ce que l'on est appelé à être!

Cœur dans le plâtre

Quand un bras est fracturé, on le met dans le plâtre. Quand une jambe est cassée, on la met dans le plâtre. En l'immobilisant de la sorte durant un certain temps, on permet au bras ou à la jambe de se ressouder, de cicatriser, de guérir. Bien qu'il soit difficile d'oublier que l'on a un plâtre, on attend que le temps et la nature fassent leur travail de guérison. On s'adapte, le temps nécessaire; on change certaines de nos activités et certaines de nos façons de faire.

— Dis, un cœur blessé, fracturé et brisé par la vie peut-il être mis dans le plâtre?

— Non, bien sûr! Disons qu'on peut cependant se dessiner un plâtre imaginaire qui serait composé de douceur et d'amour que l'on enveloppe de chaleur et qui restera en place le temps nécessaire.

* * *

La douceur et l'amour peuvent guérir les plus grandes blessures.

Cœur en panne... 911 ♥

Il est de ces moments où je me sens le cœur en panne. Je le sens alors très gros, très lourd, écrasé au fond de moi, sans énergie ni vitalité pour l'animer du dedans. Un cœur en panne ne se sent plus capable d'aimer et a souvent l'impression de ne plus être aimé. Un cœur en panne, ça se ressent de l'intérieur plus que ça ne se voit de l'extérieur, puisqu'on a le réflexe de vouloir sauver son image.

Il y a différents types de pannes de cœur. Les pannes *sèches*: le réservoir est vide du combustible amour. Les pannes d'*énergie*: la batterie est à terre, le courant de vitalité ne passe pas. Les pannes *par manque d'huile*: à un moment donné, le cœur qui a trop roulé sans se ressourcer se met à chauffer. Les pannes par *défectuosités mécaniques*: on roulait sur ce que l'on croyait acquis et voilà qu'un imprévu change tout. Les pannes d'*accidents*: une maladresse de parcours, une inattention et vlan! c'est le choc. Les pannes de *crevaison*, communément appelées *à plat*: parce qu'une blessure subite vient de crever quelque chose dans le cœur.

* * *

La panne, c'est un temps d'arrêt obligatoire. La panne appelle du secours. Me tourner vers l'autre pour lui demander de l'aide et accepter d'être aidée, c'est un grand pas de guérison intérieure.

Seule au monde

Il m'arrive d'avoir l'impression que la terre tourne sans moi, qu'il y a plein de choses qui se produisent et se vivent autour de moi, mais… sans moi. Je me demande alors si c'est moi qui m'exclus, si c'est moi qui décroche ou si c'est la vie tout simplement. J'ai la sensation de flotter au-dessus d'une réalité comme si elle ne m'appartenait pas ou qu'elle ne me concernait pas. L'image qui me vient alors? Je suis assise devant la terre, en dehors du temps et de l'espace. Tu sais à quoi ça me fait encore penser? Petite, à la campagne, lorsque j'étais contrariée, apeurée ou triste, j'allais me cacher dans l'espace de la réserve de bois de chauffage, convaincue que personne ne m'y trouverait. Aujourd'hui adulte, j'ai encore besoin de mon refuge, parfois physique, mais surtout intérieur et symbolique. Une partie de moi veut peut-être délaisser une réalité qui me fait mal, une réalité à laquelle je me sens incapable de faire face ou à laquelle je ne veux pas faire face.

* * *

Lorsque mon cœur a mal et qu'il est triste, plutôt que de m'isoler ou m'exclure, je choisis d'aller rejoindre une présence ressourçante et aimante.

Cœur anesthésié

J'ai cette sensation de ne pas m'intérioriser,
de ne pas toucher à la partie sensible en moi,
de ne pas y arriver, de ne pas réussir,
devrais-je dire, de ne pas vouloir dans le fond.
Il y a comme un mur, une carapace,
qui me sépare de mon cœur,
de mon ressenti, de mes émotions.
Tout me semble superficiel en moi.
Et j'ai la sensation de patauger malhabilement
dans les flaques de mes étangs de superficialité.
On dirait que je ne sais pas, que je ne sais plus
où ni comment trouver la petite fente
pour rejoindre mon cœur.
Mon cœur, je le sens anesthésié.
Qui dit anesthésie dit douleur
et volonté d'empêcher ou d'enrayer la douleur.
L'anesthésie du cœur n'est pourtant pas sans danger.
L'anesthésie vient-elle de l'extérieur
ou bien est-ce une auto-anesthésie?
Mon cœur qui a mal a possiblement choisi l'auto-anesthésie,
celle qui endort la peine,
celle qui suspend la réalité d'aujourd'hui et la peur de demain.
J'ai un grand besoin de trouver en moi la petite brèche
qui dissipera les couches de blindage et de carapace
et qui permettra de toucher doucement du doigt
la source de la douleur,
le cœur de cette blessure au cœur.

Inspection générale en 11 points

Les gens font faire la mise au point périodique de leur voiture. C'est important et ça évite de se retrouver en panne sur l'autoroute. Un cœur a aussi besoin d'une inspection et d'une mise au point régulières. On demande beaucoup à notre cœur, mais on ne s'en occupe pas assez jusqu'au jour où il flanche dans un infarctus ou encore dans une grande souffrance de cœur appelée dépression.

Son rythme: trop bousculé et sans avoir le droit d'arrêter, sinon c'est la catastrophe.

Sa place: non respectée, même son espace vital est menacé.

Sa force: surestimée et écartelée entre deux impératifs exigeants.

Sa couleur: on tient pour acquis qu'il est bien coloré et qu'il a tout l'oxygène dont il a besoin, et pourtant...

Sa grosseur: il a parfois l'impression qu'il va éclater ou sécher, mais il ne le dit pas.

Sa position: on le pense à l'abri et protégé, mais il est plus vulnérable qu'on ne le croit.

Son accélération: on l'engage dans de périlleuses envolées et escalades sans lui demander son accord.

Son repos: concédé de justesse, presque uniquement la nuit et encore...

Son voisinage: des réserves l'entourent, mais un peu tout le monde compte sur lui.

Son autonomie: il en a une de fonctionnement, mais on oublie souvent qu'il a aussi besoin d'être écouté et encouragé.

Son énergie: sa source d'énergie doit être rechargée régulièrement et branchée à l'Essence de ce qui le fait vivre.

* * *

J'oublie que mon cœur a aussi besoin d'être inspecté, c'est-à-dire que je dois me soucier de lui et me réserver un temps pour lui demander: *Mon cœur, comment vas-tu?*

Tourner en rond...
et courir après mon ombre

— Par moments, j'ai l'impression, mais vraiment l'impression, de tourner en rond. Rien n'avance, rien ne se règle, tout est en suspens et pourtant je bouge, je cours même... pour rien. Le sentiment qui se réveille alors en moi est une grande déception mêlée à une insatisfaction. Je me déçois. Oh! Je ne parle pas de performance, je parle de quelque chose de beaucoup plus profond et beaucoup plus personnel. La démotivation et même la fatigue s'installent alors.

— Tu sais à quelle image je pense? À celle de courir après son ombre... Jamais tu n'arriveras à rattraper ton ombre, même si tu cours à toute vitesse, même si tu t'essouffles jusqu'à l'épuisement. Souvent, c'est ce qui arrive dans notre vie. On ne le réalise pas vraiment, mais on court... pour rien et on ne se donne même pas la chance d'arrêter pour voir où va notre route. On s'agite tout simplement.

* * *

Je fais un grand pas sur mon chemin de guérison lorsque j'accepte de m'arrêter, de me ressentir, de faire le point et... de mettre en lumière le côté ombre de moi.

Blessure d'âme

— Tu connais ça, toi, une panne d'âme?

— Euh!

— Désolation, stupéfaction, choc-panique suivis d'un vide, d'un silence, d'un immense trou intérieur. Plus de repères, plus de balises, plus rien autour et plus rien… en dedans. Un vide qui fait mal tellement il est plein. Un grand trou vide inconfortable qui ne sait pas, qui ne sait plus comment se remplir.

— Ça ressemble un peu aux secondes qui suivent un tremblement de terre ou un gros ouragan!

— À peu près. Et puis arrive une énorme vague de peine, une tristesse mouillée de larmes sans qu'on en sache trop l'origine et, ensuite, des images en saccades, en enfilades. L'accolade d'une retrouvaille, la tristesse d'un regard, le choc d'une nouvelle, une déception face à moi, le départ d'une amie, l'ambivalence d'une relation, l'inquiétude face à demain… tout cela embrouille l'âme qui bientôt n'apparaît plus à l'écran, comme si, trop bousculée et trop ébranlée, elle disparaissait de ma vie. Ça c'est une peine d'âme!

* * *

Mon âme en panne m'appelle pour que je m'occupe d'elle. Je me recueille et je veille sur ma flamme intérieure, tout doucement, le cœur très présent.

Je me noie... en moi

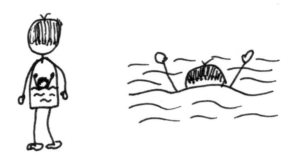

Une sensation bizarre à décrire: un sentiment très fort d'impuissance doublé de déception face à moi et enveloppé d'une difficulté à saisir ce qui ne va pas. Un malaise et un mal-être comme j'appelle. Tout cela crée un inconfort très lourd intérieurement avec une boule, un creux et une sensation d'étouffement. Ça fait curieux à dire, mais j'ai alors l'impression de *me noyer en moi*, oui de me noyer et cela ne paraît pas nécessairement de l'extérieur. Au secours! À l'aide! Ça presse, sinon je me noie.

Quoi faire? Quoi dire? Tout arrêter, tout suspendre pour répondre à l'urgence en moi, tout au fond de moi. Je le ferais pour les autres, alors... Plonger en moi pour me rescaper, me lancer une bouée de sauvetage imaginaire qui exprime le malaise, la peine, l'inquiétude, m'écouter et, s'il le faut, me prendre par la main et aller chercher l'aide d'un ami ou d'une ressource professionnelle.

* * *

Ce que je vis intérieurement n'est souvent pas ce qui paraît et ce que j'affiche. *Je me noie en moi*, c'est un cri d'urgence qui appelle la réaction et l'aide immédiate.

75

Bercer mon cœur

— Mais qu'est-ce que tu fais, tu te berces?

— Oui!

— Attends que je m'approche un peu. Mais, tu berces un cœur! Serait-ce ton cœur que tu berces?

— Oui, il en a besoin, un grand besoin. On berce un enfant pour l'allaiter ou pour l'endormir tout en lui chantant une comptine. Je me berce parce que j'ai besoin de ce mouvement de va-et-vient tout plein de douceur, d'attention et de chaleur. Et c'est parce que mon cœur a soif de ces doux moments que je le berce ainsi. Je l'entendais tantôt, c'est comme s'il me disait: *Pense un peu à moi.* J'ai tout arrêté et je me suis installée pour le bercer, bien volontairement et bien consciemment. Si tu savais à quel point cela m'a fait du bien! On dirait que le temps s'est arrêté durant ces instants. Je me rappelle une dame âgée en résidence; elle passait de longues heures à bercer… une poupée. J'ai toujours cru qu'elle berçait ses souvenirs et son cœur blessé. Tu sais, il n'y a pas à avoir honte de bercer son cœur.

* * *

On a beau être adulte, il y a une partie de notre cœur qui demeure enfant et qui a souvent besoin d'une berceuse pour adulte.

Attention: fragile!

Il y a des jours où j'aimerais me dissimuler dans une grosse boîte étiquetée *fragile*. Un regard perçu comme jugeant, un geste mal approprié ou encore la réflexion d'un autre, surtout s'ils tombent dans une faille de faiblesse de notre cœur, peuvent créer un vrai remous intérieur, bien au-delà de leur portée réelle. Comme on a souvent de la difficulté à reconnaître notre fragilité, il nous est encore plus difficile de l'afficher pour que l'autre la saisisse et prenne soin de nous, puisque c'est de cela, entre autres, que l'on a besoin. *Cœur fragile! S'il vous plaît, manipuler avec soin.* Suis-je capable de le dire à l'autre? Pas toujours évident ni facile! Ça prend une dose d'humilité, de courage et d'acceptation de ma propre vulnérabilité, ce qui n'est pas très bien accepté dans notre société où il faut toujours afficher la performance, l'assurance et l'indépendance. On dirait qu'il y a très peu de place pour l'apprivoisement et l'acceptation de cet état de fragilité intérieure, pourtant propice au bilan, au renouveau et à l'ouverture à de nouvelles ressources. Il existe une facette de moi qui a le droit de manifester sa fragilité et de signifier à l'autre que j'ai peut-être besoin de lui.

* * *

À chaque jour, la fleur s'ouvre à la vie, sans cacher sa fragilité.

Et si c'était de la colère?

— Qu'est-ce que tu fais donc?

— Je dessine ma colère. La boucane me sortait par les oreilles, alors j'ai empoigné un crayon et je dessine des traits, des lignes, des griffonnages, n'importe quoi tout en me parlant. Faut que ça sorte, sinon ça va exploser en dedans.

Depuis le matin, je me sens contrariée et ça monte comme le mercure d'un thermomètre. J'ai d'abord essayé de ne pas la voir cette colère, de ne pas la ressentir, mais c'était peine perdue. Je m'impatientais après les piétons dans la rue, après les automobilistes, après tout le monde. J'ai même répondu sèchement à une collègue au travail. Je me sentais mal et avec un cœur de pierre. Pourtant je sais que ma colère non exprimée me mine et me gruge en dedans, et cela, bien sournoisement. Puis elle sort de travers et se transforme en fléchettes lancées sur les autres qui n'ont souvent rien à voir avec la source de ma colère.

Tu sais ce dont j'aurais besoin? Besoin de frapper, pas sur les murs ou sur les gens, mais sur des coussins. Frapper pour sortir ma colère, pour me libérer de cette pression et pour me sentir mieux. Je l'ai déjà fait et Dieu que je respirais mieux après!

* * *

Je reconnais que je suis en colère. J'ai le droit de ressentir de la colère. Plutôt que de l'avaler et me laisser miner par elle, je choisis de l'exprimer et... je le fais.

Ouf! et Bang!

— Des journées *Ouf! et Bang!*, ça ne devrait pas exister. Tu sais c'est quoi? Je reçois une bonne nouvelle, une nouvelle qui me soulage et qui me permet de mieux respirer. À peine ai-je un peu savouré cet instant qu'une avalanche me tombe dessus. C'est une mauvaise nouvelle, un choc, un événement triste, bref une claque en pleine face.

— Ça me rappelle le médecin qui m'a dit un jour, à la suite d'une série d'examens: «J'ai une bonne nouvelle» (ouf! bravo, un soupçon de joie) et la phrase d'après: «Il y a aussi une moins bonne nouvelle, une mauvaise nouvelle» (et vlan!).

— Tu veux que je te dise? Les *Ouf! et Bang!* sont arrivés souvent dans ma vie, face à ma santé, ma famille et mon travail. Ça a créé une réserve chez moi, je dirais même une certaine méfiance face aux bonnes nouvelles et face à la joie qu'elles suscitent, avec la conséquence que je ne profite souvent pas pleinement des bons moments. Dis, tu as une solution?

— As-tu déjà pensé à mettre en liste toutes les bonnes nouvelles et tous les bons moments non suivis de mauvaises nouvelles ou de moments difficiles? De tous ceux-là, tu ne te souviens peut-être pas!

* * *

Reconnaître et démasquer un mécanisme et une réaction, c'est en atténuer l'impact et me donner une chance de voir les choses différemment.

Je m'appuie sur mon cœur

— Ça t'arrive d'avoir le goût de t'appuyer sur un gros coussin doux, chaud et moelleux?

— Je crois saisir, mais tu veux répéter en d'autres mots?

— Des fois, j'aimerais ça me déposer sur un gros coussin et m'y trouver bien, surtout quand je me sens triste et seule.

— C'est déjà mieux, mais tu veux reprendre en laissant parler ton cœur?

— Je n'ose pas trop, ça me gêne un peu, tu sais… Je suis une adulte. (silence) J'ai envie de déposer mon oreille sur le cœur de quelqu'un, comme une enfant qui a besoin de la chaleur et de la douceur des bras de sa mère.

— Tu veux que je te prenne dans mes bras?

— (hésitation) Oui! Je veux bien!

* * *

Oser te dire mon besoin d'être prise dans tes bras!
Oser te dire mon besoin d'amour!

J'ai peur

— Où es-tu? Que fais-tu là? Tu te caches?

— Oui, j'ai peur, vraiment peur.

— Peur de quoi, de qui?

— Je ne sais trop, mais je sais qu'il y a une grosse peur en moi. Elle prend toute la place, elle me fait trembler et me paralyse le cœur.

— Tu veux essayer de l'apprivoiser cette peur?

— Ça s'apprivoise une peur?

— Oui, mais il y a un secret pour le faire. Tu essaies de la démasquer, de lui enlever ses pelures l'une après l'autre tout doucement pour arriver au centre de la peur. Tu te dis ou encore mieux tu écris: *J'ai peur de...* et tu laisses aller sans trop penser.

— *J'ai peur de...* ce qui vient, de demain, de l'inconnu, de ce qui va m'arriver, d'être malade, de souffrir, de mourir...

— Continue.

— J'ai peur de faire des gaffes, peur du jugement des autres, peur d'être seule. J'ai peur de...

* * *

Mettre des mots sur le sentiment de peur qui m'habite, c'est l'empêcher de tout fracasser en moi et c'est aussi un premier pas pour apprivoiser ma peur.

Cœur sur la table

— Je me sens le cœur déposé sur une table, au froid, seul et tout nu.

— Mais qu'est-ce que tu fais là?

— …

— Pas de farce ce matin, je ne suis pas très en forme.

— Justement! (Snif! Snif!)

— Qui t'a mise au tiroir comme ça? Tu veux me le dire?

— C'est toi! Tu m'oublies souvent. Tu oublies que je suis là. Tu me mettrais au placard ou sur une tablette, c'est du pareil au même. Tu m'oublies, voilà tout!

— … Tu veux sortir de là?

— Oui, mais je suis coincée, j'ai besoin d'aide.

— Pardonne-moi de t'avoir laissée là, seule, si longtemps. Dis, tu me pardonnes? En tout cas, moi je veux te demander pardon pour de vrai. Je t'aime, tu sais!

— Moi aussi, je t'aime, mais j'ai mal!

— Je vais te sortir de là tout doucement et tout de suite.

* * *

Quand mon cœur se sent seul, c'est peut-être qu'il s'est froidement oublié et mis de côté. *Où es-tu, mon cœur?* À l'oreille attentive, la réponse viendra.

Vent de panique

— Un vent de panique intérieure, tu sais à quoi ça ressemble? Ça commence tout petit et ça augmente rapidement, sans que je puisse l'interrompre comme si quelqu'un venait de peser sur un bouton d'allumage. C'est comme un ouragan, un cyclone intérieur qui fait du grabuge et du dégât, un état de mal-être quasi intolérable qui appelle l'urgence de faire quelque chose pour en sortir, sans qu'on sache quoi faire exactement.

— J'ai connu cela à l'annonce d'une mauvaise nouvelle, comme si un grand vent venait de s'élever en moi et sur ma vie. L'onde de choc a été vite suivie d'un mouvement de panique intérieure. *Qu'est-ce qui m'arrive? J'ai peur de mourir! Que vais-je devenir? Quoi faire? Comment faire? Où trouver la force, le souffle et la façon d'appeler à l'aide? Qui pourra m'entendre?*

* * *

Quand le vent de panique s'élève en moi, je respire tout d'abord, j'arrête tout, je me mets dans un endroit calme et sécuritaire et je reprends mon souffle progressivement. Je cherche une compagnie aidante et je tiens bon, accrochée à la confiance que l'ouragan passera et que mes ressources calmeront la panique.

Le stéthoscope du cœur

J'ai beaucoup utilisé le stéthoscope pour écouter le cœur des autres, pour évaluer le rythme et la qualité des battements cardiaques et pour détecter différents types de problèmes.

Un jour, j'ai déposé mon stéthoscope sur mon cœur durant un bon moment. Ce jour-là, mon cœur était triste et portait un poids que j'avais du mal à saisir. Je me suis fermé les yeux et j'ai écouté mon cœur battre, respirer et se dire. Il a d'abord commencé à battre à la course, comme s'il était gêné que je l'écoute plus de trente secondes. Puis, il s'est mis à battre d'un rythme plus lent mais saccadé comme s'il battait la mesure. Tout doucement, la respiration s'est jointe à la musique du cœur. Ils jouaient en tandem. L'image m'est alors venue que j'étais dans un grand champ au milieu de la nature, avec mon cœur. Un doux vent nous enveloppait. Après un moment de calme et toujours sur un fond rythmé de battements, il m'a murmuré un premier mot, puis il m'a parlé de ses maux, de ce qui lui pesait lourd ce jour-là. Tu sais quoi? Maintenant, il m'arrive même d'entendre les battements du cœur de… mon âme.

* * *

Chaque fois que j'en ressens le besoin, je m'imagine déposer un stéthoscope magique sur mon cœur pour l'écouter, pour l'entendre et pour lui donner la parole.

Vivre ou mourir?

— J'ai des questions dans ma tête, dans mon cœur. Est-ce qu'on peut vivre à en mourir? Est-ce qu'on peut vivre sans en mourir? Est-ce qu'on peut mourir sans perdre sa vie? Est-ce qu'on peut avoir plus peur de vivre sa vie que de mourir?

— Chaque question demande réflexion et méditation. Peut-on y répondre par un oui ou un non? La vie est un cadeau. On ne l'a pas demandée, mais je crois qu'il faut continuer de la choisir pour rester en vie. Oui, on peut vivre… à en mourir: un tel choix est bien triste. Oui, on peut vivre sans en mourir si on croit qu'au-delà de la vie physique, il y a la vie de l'âme qui, elle, ne meurt pas avec le corps. Oui, on peut mourir sans perdre sa vie si on laisse s'éteindre en nous notre flamme intérieure: c'est ce qu'on appelle un mort-vivant. Oui on peut avoir plus peur de vivre sa vie et sa réalité que de mourir. J'ai vécu ce dilemme face à la maladie, face au cancer qui revenait dans mon corps et dans ma vie; ça s'appelle la détresse du cœur, la détresse émotionnelle et existentielle.

* * *

Personne ne peut et ne pourra vivre ma vie à ma place! À chaque jour, j'ai à choisir de vivre ma vie.

Les larmes, ces porte-parole

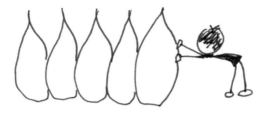

— Comment définirais-tu les larmes?

— Les larmes sont les porte-parole du cœur, un des modes d'expression du cœur. Elles sont souvent les paroles du silence d'un cœur qui a mal, qui est blessé et qui souffre. Elles peuvent aussi arroser la joie du cœur; en général elles sortent alors sous le coup d'une forte émotion.

On accueille souvent plus facilement les larmes de l'autre que les nôtres. On est en général mal à l'aise de pleurer parce qu'on est adulte, parce que ça nous gêne, parce que, dans la croyance populaire, pleurer signe une certaine fragilité, une certaine vulnérabilité que l'on n'a pas envie d'afficher. En avalant nos larmes, on étouffe et on noie notre cœur. La maladie m'a rendue beaucoup moins capable de blinder mes émotions et mes larmes ne me demandent plus la permission pour sortir.

Tout comme l'enfant qui pleure et que je serre contre mon cœur, tout comme les larmes de l'enfant que j'essuie pour lui signifier ma présence et mon affection, je peux oser laisser sortir les larmes de mon cœur qui a aussi besoin de se dire.

* * *

La première larme que j'ose laisser couler ouvre le canal aux autres.

Les soins intensifs pour le cœur

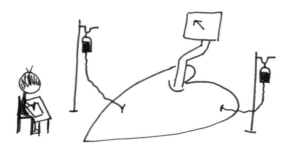

Tu sais si ça existe les soins intensifs pour les cœurs blessés, apeurés et très fragiles? Aujourd'hui, si je le pouvais, je déposerais mon cœur aux soins intensifs. Il a mal de ce qu'il a à vivre, il a peur de ce qui vient, il est blessé et plein de chagrin. Il aurait besoin d'être branché à un soluté de douceur, de tendresse et d'amour, besoin d'être intubé et de recevoir un souffle de vie et d'espoir, et besoin même de recevoir une transfusion de courage, tout cela sous surveillance constante. Qui dit soins intensifs dit risques et dangers. Aux soins intensifs, l'espoir se moule à l'inconnu et le temps n'existe plus, confondu qu'il devient à l'éternité qui glisse à l'extérieur. Le séjour aux soins intensifs dure le temps nécessaire pour passer la période critique: on cherche à régler les problèmes, on répond aux urgences et on essaie de prévenir les complications. Temps d'arrêt obligatoire, de repos forcé, de soins intensifs mais aussi de doute et de grand questionnement. Après, ce sera la récupération et la convalescence.

* * *

Chaque fois que je sens que mon cœur en a besoin, je l'imagine aux soins intensifs. C'est ma façon d'en prendre soin d'une façon attentionnée et complète. Aux soins intensifs, le cœur a surtout besoin de douceur, de tendresse et d'amour.

Cœur toucour

J'apprends à te connaître, petit cœur. Tes états d'âme, je de-
vrais dire de cœur, sont variés, multiples, parfois difficiles à dé-
coder et à saisir, mais j'essaie.

Cœur-en-fête aime bien célébrer, souligner les anniversaires, mar-
quer les étapes de vie.

Cœur-qui-flotte se sent souvent aller à la dérive et a peur de frapper un dur rocher.

Cœur-froissé aimerait parfois crier sa frustration, mais souvent il
n'ose pas.

Cœur-au-placard se sent mis de côté, délaissé, peu considéré et sans
valeur.

Cœur-en-panne vivote au rythme du manque d'énergie et de vitalité intérieure.

Cœur-en-flamme est débordant d'énergie, prêt à tout embrasser, à
tout entreprendre.

Cœur-passionné aime, aime aimer et être aimé.

Cœur-perdu a de la difficulté à se reconnaître, à se retrouver et à
se centrer.

Cœur-gelé est transpercé d'un froid qui vient de l'intérieur.

Cœur-de-papier se sent la fragilité d'un papillon perdu dans un désert.

Cœur-qui-pleure a souvent de la difficulté à laisser sortir ses larmes,
les gardant en lui au risque de s'y noyer.

Cœur-fâché serre parfois les dents mais tourne souvent la colère
contre lui.

Cœur-gercé a mal des froides blessures de la vie et a besoin d'un
baume pour guérir.

Cœur-à-la-poubelle se compare, se dévalorise et perd confiance en
lui.

Cœur-à-pic n'entend pas à rire, répond sèchement, voire froidement.

Cœur-songeur se laisse aller à ses pensées et se réfugie parfois dans ses rêves.

Cœur-à-tous aime donner de l'amour, beaucoup d'amour mais a aussi besoin d'amour.

Cœur-blessé ne sait souvent pas comment se donner les premiers soins.

Cœur-d'enfant doit se retrouver, s'accepter et… ne plus se perdre de vue.

Chapitre 5

Un pas, un souffle, une trace

Aujourd'hui
est beaucoup plus
que le demain d'hier.

Dans l'immensité de l'univers,
je suis un être tout petit qui se développe,
s'épanouit et fait de petits pas au quotidien.
C'est ce que l'on appelle la grandeur de l'être.

Nourrir la vie

— Ce matin, j'ai le goût d'arroser mes plantes, de jardiner et de nourrir les oiseaux. C'est vrai, ce matin, j'ai le goût d'alimenter la vie autour de moi et en moi. Le soleil brille et réchauffe la nature et mon cœur. Tu sais, je me suis étudiée. Quand je nourris les oiseaux ou que j'arrose les plantes, c'est aussi la vie en moi que je nourris. Les jours où j'oublie de nourrir les oiseaux ou d'arroser les plantes ou que je ne le fais simplement pas, ce sont des jours où la vie est *chambranlante* en moi, des jours où j'ai l'impression que le soleil ne brille que pour les autres. Tu sais, des fois, je crois qu'il m'arrive de bouder la vie.

— Parce que?

— Parce que j'ai mal à ma vie et alors, je ne peux la nourrir, en fait, je ne veux peut-être pas la nourrir.

* * *

Quand je nourris la vie autour de moi, c'est aussi la vie en moi que je nourris. À chaque jour, ma petite flamme intérieure de vie a besoin de nourriture.

Fais quelque chose!

— Tu sais que je ne suis pas une personne inactive, oisive ou paresseuse.

— Oh! Que non!

— Pourtant, aujourd'hui, je ne réussis pas à me mettre en marche. On dirait que rien ne me tente. Je n'ai fait que le strict nécessaire et encore. Une fatigue bizarre m'a amenée du lit au divan, puis du divan au fauteuil. Certes, j'étais fatiguée et j'ai dormi, mais l'inconfort surplombait la fatigue. J'avais l'impression d'être dans un cercle vicieux et de ne pas réussir à m'en sortir.

Le deuxième matin de ce cycle, alors que j'étais à nouveau étendue, que je me faisais pitié d'être ainsi et que je me demandais ce que serait ma journée, une petite voix m'a murmuré: *N'importe quoi, mais fais quelque chose! Bouge!* J'ai eu la tentation de faire semblant de ne pas l'avoir entendue et puis non, je me suis levée d'un bond et j'ai commencé à bouger. Comme si j'avais remis le compteur à zéro, je suis allée dehors marcher à mon rythme, doucement, différemment et sans bousculade. Une chanson de mon enfance m'est alors revenue: *Le ciel est bleu, réveille-toi, c'est un jour nouveau qui commence, le ciel est bleu, réveille-toi, les oiseaux chantent sur les toits, réveille-toi!*

* * *

La fatigue appelle le repos. L'inertie du mal-être appelle la prise de conscience et l'accueil de cet état. Le reste suivra.

Comment ça va?

— Trop souvent on pose la question *Comment ça va?* et on n'attend même pas la réponse de l'autre. Tu ne trouves pas?

— C'est vrai! J'ai pris l'habitude de me faire un clin d'œil dans le miroir chaque matin et de me poser la question suivante: *Comment je vais, moi, aujourd'hui?* C'est mon moment d'ancrage pour la journée. Je veux saluer et dire oui à la vie de ce jour. Me dire *bonjour*, c'est prendre le temps d'allumer le soleil dans mon cœur, même les jours de pluie.

Le tournesol s'oriente vers le soleil. J'ai aussi à me tourner vers mon petit soleil intérieur et à être avec lui dans un moment d'intimité. Des fois, ça va bien, très bien ou super bien; d'autres fois, ça va un peu, pas vraiment ou pas du tout. M'accorder le temps de me poser la question et surtout me laisser le temps d'y répondre, c'est prendre mon pouls de vie de ce moment-là et respecter le point de départ de ma journée. Je commence la journée avec quoi et comment? L'essayer, c'est voir la différence!

* * *

Comment je vais aujourd'hui? Un court instant d'intériorité pour me situer dans cet espace unique qu'est aujourd'hui et pour prendre consciemment mon pouls de vie.

Le fil de ma vie

— Qu'est-ce que tu as encore inventé? Tu veux me dire ce que tu fabriques?

— Je déroule le fil de ma vie, époque par époque jusqu'au début. Ma vie, c'est comme un grand fil qui s'enroule tout doucement. Il arrive un moment où ça ressemble à une grosse balle de laine; tout se touche, mais tout est confondu. Je refais le trajet à reculons. Quand j'ai eu 40 ans, par exemple, où en étais-je, qu'est-ce qui se passait alors dans ma vie? Quand j'ai été malade en 1996, en 1993 et en 1980, quand j'ai accouché en 1986 et 1984, quand j'étais adolescente et enfant: qu'est-ce que je me rappelle de ces étapes, de mon vécu d'alors, de ceux et celles qui m'entouraient et que j'aimais?

Tirer sur le fil de ma vie, c'est aller bien au-delà des souvenirs des albums de photos, c'est faire un grand plongeon au cœur de ma vie jusqu'à son origine. C'est aussi trouver le fil conducteur de ma vie et cela lève le voile sur celle que je suis réellement au fond de moi. C'est constater que dans le déroulement de ma vie, une étape pouvait difficilement se faire sans l'étape précédente, puisque tout se tient.

* * *

Tirer volontairement sur le fil de ma vie, c'est entreprendre un grand pèlerinage intérieur, au cœur de ma vie et de mon cœur.

C'est ma fête

— C'est aujourd'hui ma fête. Je l'avoue, le cancer a plus d'une fois ébranlé en moi la certitude des années. Il y a des gens qui ont de la difficulté à voir tomber le nouveau chiffre à chaque année et encore plus le chiffre des dizaines. Pour eux, c'est comme le deuil de leur jeunesse. Pour moi, depuis la maladie, chaque anniversaire fait naître une joie d'avoir franchi une nouvelle étape. Planter une chandelle de plus dans un gâteau, c'est remercier la vie, c'est accueillir la nouvelle année qui débute et me souhaiter une place intérieure plus présente, plus sage et plus humaine. Tu sais quoi? Je rêve du jour où mon petit-fils soufflera sur la chandelle de son 1 an. Le feu sur cette toute petite chandelle sera pour moi beaucoup plus qu'une flamme olympique. Elle aura une saveur... d'héritage de vie!

* * *

Les années que l'on accumule derrière soi, les années vécues ne sont pas un droit ni un dû, elles sont un cadeau de la vie.

Écrire ma peine

— Tu sais ce que j'ai fait hier? Je ressentais un *gros moton*.
Une grosse boule de peine s'était installée durant la nuit. Au réveil,
le cœur battait bizarre, un bizarre qui est là pour durer et qui risque de déteindre sur toute la journée.

Je me suis arrêtée un instant. J'ai ensuite pris un crayon, je me
suis imaginé qu'il était branché sur mon cœur et là j'ai demandé à
mon cœur de dire sa peine, sa tristesse, d'ouvrir sa petite porte pour
de vrai. J'ai commencé par un premier mot: *peine*, et le reste a
suivi. J'ai écrit un bon moment sans me poser de questions, sans
chercher à comprendre et sans me censurer. D'un mot à l'autre,
cela m'a amenée à un événement d'avant-hier, banal en apparence
mais qui, je le réalise maintenant, m'a beaucoup blessée.

Tu sais la suite? Une fois tout mis en mots sur le papier, je me
suis imaginé que mon cœur venait de déposer tout doucement sa
peine dans l'histoire de l'univers, parce qu'il est humain, fragile et
sensible. Ma grosse boule, mon *gros moton*, venait de passer.

* * *

Écrire ma peine, c'est me permettre de me dire et d'expérimenter la magie de la guérison du cœur qui ose s'exprimer et s'ouvrir.

Dire *oui* au traitement

Le traitement m'est suggéré, prescrit et voilà, le reste m'appartient. Un jour, j'ai pris conscience que je demeure libre de suivre ou non le traitement. Il m'est essentiel d'obtenir d'abord toutes les informations. Face au problème de cancer, par exemple, les avenues du traitement ont déjà varié: chirurgie, radiothérapie, anti-hormonothérapie. Le *oui*, c'est moi qui le donne et cela constitue une étape fondamentale du traitement. Derrière ce oui volontaire, se dissimule un engagement à suivre le traitement et du même coup, une confiance face à lui.

— Tu veux que je te dise un secret? Je suis convaincue qu'un traitement, s'il est accepté, sera plus efficace et il risque d'entraîner moins d'effets secondaires. C'est ma théorie de l'acceptation-confiance, celle qui met toutes les chances de guérison de mon côté. C'est ce besoin de ressentir un oui intérieur qui m'a amenée à attendre la bonne journée pour commencer un traitement qui allait durer cinq ans. Comme il n'y avait pas d'urgence à commencer le traitement le jour où j'ai reçu ma prescription, j'ai donc choisi d'attendre une journée ensoleillée et de ritualiser la prise de mon premier comprimé. Le choix était fait.

* * *

Le *oui* que je donne au traitement proposé devient une étape déterminante du processus de guérison.

Semer l'espoir

— Qu'est-ce que tu fais?

— Je plante des graines d'espoir. Jeune, je me rappelle avoir rêvé de semer des graines de bonheur, de paix et de justice pour que tous les enfants de la terre mangent à leur faim, aient un toit, puissent aller à l'école et vivre dans un pays sans guerre. Aujourd'hui adulte, chaque fois que je dépose une graine en terre, cette image me revient. Semer l'espoir, c'est sourire à une personne qui semble triste, c'est donner une tape sur l'épaule d'un jeune qui accepte de relever un défi, c'est encourager une personne handicapée à faire un effort pour réapprendre à marcher, c'est partager l'anxiété du malade qui attend un résultat de contrôle après un traitement. Semer l'espoir, c'est accepter de ne pas voir de résultats demain, convaincue que la petite graine déposée en terre, bien cachée et silencieuse, est chargée de vie et que la vie bientôt sortira au grand jour.

* * *

Semer l'espoir autour de moi, c'est un présent précieux que je fais à l'autre. Semer et entretenir l'espoir en moi, malgré les chocs et les secousses de la vie, c'est un double présent que je me fais.

Prends soin de toi!

— Renée-Emmanuelle, que fais-tu? … Oh là là! Tu as l'air tellement épuisée. Est-ce que je peux faire quelque chose?

— Oui, prends soin de toi! Parce que prendre soin de toi, c'est prendre soin de moi!

Le matin de ce petit dialogue, j'ai été surprise et ébranlée de la vérité qui venait de naître de ma plume. Un rapide coup d'œil intérieur pour constater effectivement à quel point j'étais fatiguée. Du coup, j'ai revu le visage aimant de ma mère quelques jours auparavant. De son doux regard et sans aucune miette de confusion ni d'hésitation, elle m'avait alors dit en me regardant droit dans les yeux: *Fais attention à toi, prends soin de toi*, comme si elle avait perçu ma très grande fatigue.

Mes bonnes résolutions durent un temps puis je dérape. Je m'oublie et j'éparpille alors mon énergie. Malgré de nombreuses responsabilités et de nombreux engagements, rester ma priorité au quotidien est certainement la meilleure façon de demeurer présente même aux autres. J'ai voulu ancrer ces sages prescriptions que je répète à mon tour à mes enfants avec tout mon amour.

* * *

Mon enfant intérieur m'a murmuré: *Prendre soin de toi, c'est prendre soin de moi.*

Mise à la terre

Aujourd'hui, j'ai de la difficulté à être là. À tout moment, mes pensées s'envolent. Je pars dans les nuages et mon esprit flotte avec comme résultat que je ne réussis pas à me concentrer, à être présente tout simplement. En d'autres temps, je l'accepterais, mais ça me cause problème parce que j'ai des choses importantes et urgentes à régler et je n'y arrive pas. J'ai de la difficulté à me brancher, à me *mettre à la terre*. Incapacité ou fuite de ce que j'ai à faire? Je ne sais trop!

Je m'arrête un moment et je me mets debout bien droite, les mains vers le sol. Je prends une inspiration profonde puis je vide mes poumons. Je fais ensuite trois ou quatre inspirations et expirations plus rapides. Ce faisant, je m'imagine être un arbre au milieu de la nature, un arbre bien enraciné dans le sol, mes pieds devenant ses racines. Tout en respirant ensuite normalement, je reste en présence de cette image, le temps de ressentir que j'ai pris racine dans ma réalité de l'instant. L'esprit et le cœur en éveil, collés à l'image des racines de l'arbre, j'ai confiance de pouvoir réussir et terminer calmement ce que j'ai à faire.

* * *

Mon cœur et mon esprit qui flottent ont parfois besoin de se trouver des racines dans le ici-maintenant de ma réalité.

Malgré tout!

Il y a des jours où je me dis que c'est tellement beau la vie. J'aimerais avoir de nombreuses années à vivre, et pourquoi pas, plusieurs vies à vivre. Il y a des jours où le seul fait de savourer un pur et doux moment de joie et de bonheur tout simple mais exquis devient pour mon cœur une source d'énergie à laquelle je peux me nourrir. Il y a des jours où je regarde en arrière en me disant *J'ai fait ce que j'ai pu* et j'abandonne le jugement et la culpabilité. Il y a des jours où je ressens les petites semences de vie et d'amour que j'ai déposées ici et là sur mon passage en me disant qu'elles pourront être cueillies un jour. Il y a des jours...

Ces jours-là me font oublier les jours où le soleil ne se montre pas, les jours où les pertes et les deuils du quotidien ne font que s'accumuler, les jours où la liste des *J'aurais pu, J'aurais dû, Je regrette* me pèse lourd, les jours où je me sens sur le bord d'un grand précipice noir.

* * *

Je regarde avancer la chenille, j'observe le bourgeon, je médite devant l'embâcle sur la rivière, je me réfugie à l'abri du gros orage et je me dis: *Malgré tout, il y aura un papillon et un arbre en fleur. Malgré tout, la rivière redeviendra calme et l'arc-en-ciel apparaîtra.*

Aujourd'hui

Les pages de mon journal se tournent
comme les jours qui passent
sans demander la permission
ni à hier, ni à demain.
Aujourd'hui est tout nouveau;
il n'a d'hier que le souvenir
et le fil conducteur de ma vie.
Aujourd'hui est à inventer, à créer
et à façonner de toute pièce
comme l'artiste qui,
sans se demander pourquoi ni comment,
désire tout simplement donner vie et âme
à l'œuvre qu'il frôle de ses mains.

* * *

Entre le souvenir et l'avenir, il y a aujourd'hui.
Aujourd'hui est unique dans l'histoire de ma vie; il m'appartient de
le conjuguer au présent.

J'ai rendez-vous avec moi

Notre agenda déborde de rendez-vous pour les proches et la famille, pour le travail et nos affaires, pour notre santé et nos courses et quoi encore!

— Est-ce que tu te mets à ton agenda?

— Tu parles d'une question! Bien sûr, pour mes rendez-vous à droite et à gauche, chez le dentiste, la coiffeuse, le comptable...

— Je parle d'un autre type de rendez-vous, toi avec toi, tu comprends?

— Est-ce que j'ai besoin de me réserver une plage horaire pour m'occuper de moi?

— Peut-être pas, mais, si tu ne le fais pas, tu risques de te retrouver en fin de journée sans aucune place disponible pour toi. Plus de place ou trop de fatigue. Ça peut paraître enfantin, mais cela m'aide d'écrire, par exemple, que samedi de 9h à 11h je me garde un temps pour lire, me promener dans la nature, méditer ou écouter de la musique, moi avec moi, en tête-à-tête. Mon cœur enregistre et sait qu'il a un temps de réservé, un temps exclusif. Cela le rassure; il s'y prépare et c'est drôlement important.

* * *

M'occuper et m'occuper de moi, c'est bien différent. M'occuper de moi, me réserver un moment intime avec moi, c'est un choix que moi seule peux faire.

Réveillée par... ma colère

Voilà déjà de longues minutes que je suis réveillée.
Incapable de me rendormir!
Tourne à droite, tourne à gauche, rien n'y fait rien.
Impossible de me rendormir!
Elle est là, si grosse, si forte et si énorme en moi.
Elle prend toute la place,
prête à exploser aux yeux de tous et chacun,
prête à exploser au fond de moi.
Elle grogne et crie sans aucune retenue.
Elle veut tout frapper et pourrait tout détruire
autour d'elle et sur son passage.
Sa puissance, d'une magnitude extrême,
pourrait provoquer un tremblement de terre intérieur.
Plus rien ne peut la calmer, plus rien ne peut l'apaiser;
sa puissance virulente et quasi monstrueuse
est prête à se battre et à se débattre
jusqu'au bout de mon souffle, jusqu'au bout de ma vie.
Elle veut montrer les poings et frapper
jusqu'au bout de mes forces,
jusqu'au bout de mes cris, jusqu'au bout de ma voix.
La déchirure au cœur
veut faire exploser sa douleur et sa colère insupportables.
Grabuge en moi qui veut bondir
parce que je rage de colère,
une colère irréfléchie, démesurée,
sans bornes et ineffaçable.
Ma colère étouffée pourrait me tuer!
Une seule issue: la laisser sortir!

Perméable à la vie

— Il est une chanson qui dit: *Que c'est doux, la douceur de vivre.* [...] *Que c'est doux... la fureur de vivre!* Tu crois que l'on peut respirer la vie?

— Des jours, je vis en vie, je sens la vie me rejoindre et me pénétrer comme si j'étais une immense passoire, comme si j'étais perméable à toute forme de vie autour de moi. La vie m'entoure et elle me nourrit. D'autres jours, par contre, je me sens blindée, imperméable à la vie qui m'entoure. Il faut dire que nous vivons dans un monde imperméabilisant, tout devant être protégé contre tout et tout devant être étanche. Si aucune vie n'entre, la vie en moi risque de s'affaiblir et de tomber en panne sèche.

Prends juste conscience de la vie qui t'entoure à l'instant: le miaulement du petit chat, la radio qui joue de la musique, les voisins qui discutent et se sourient, les oiseaux qui chantent, ma main qui arrose les plantes, les fleurs qui se tournent vers le soleil, une mère qui promène son enfant en poussette. Voilà des petits courants de vie au quotidien. En prendre conscience, c'est mieux m'en nourrir. Chaque respiration, c'est de la vie.

* * *

Je choisis d'être perméable à la vie, de me nourrir et de m'abreuver à toute forme de vie autour de moi.

Dans les traces de mon cœur

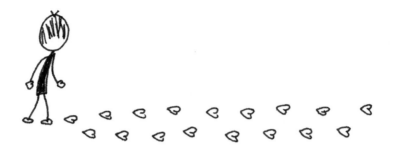

— J'ai compris un jour que si je marche dans les traces de mon cœur, ça va beaucoup mieux intérieurement.

— Excuse-moi, je ne comprends pas. À moins de marcher à nouveau là où je suis passée, je ne puis marcher dans mes traces. Quel est l'intérêt de faire le même trajet?

— Ah! Tu ne comprends pas! Tu penses juste avec ta tête. Dépose-la et écoute ton cœur. Voyons, on ne parle pas de vraies traces sur le sol. *Marcher dans les traces de mon cœur*, ça veut dire suivre la sagesse intérieure et l'intuition profonde de mon cœur. Mon cœur sait au fond de lui ce qui est bon, souhaitable et ce qui est guérison de mes blessures intérieures. Il me dessine la voie à suivre, il me dessine des traces de cœur, mais moi, trop souvent pressée, je ne les aperçois même pas, et pire encore, même si je les aperçois, je ne les suis pas parce que j'ai de bonnes raisons conscientes et inconscientes de ne pas les suivre. Dans le fond, j'ai peur de me perdre, de me retrouver seule, peur d'oser faire confiance à mon cœur intuitif.

* * *

L'essentiel, ce n'est pas de savoir où va la route, mais de sentir que je suis sur le bon chemin, en acceptant de me laisser guider par l'intuition de mon cœur.

Bonne année!

Bye bye 2004!
J'ai l'impression de ne pas t'avoir vue,
de t'avoir à peine croisée sur la route de ma vie.
J'ai conscience que tu étais là
maintenant que tu n'y es plus.
Qu'ai-je fait de tout ce temps,
de ces 366 jours, de ces 8784 heures qui t'ont meublée
et qui ne sont plus que souvenirs au calendrier de ma vie.
Tu t'es envolée en silence, il y a de cela quelques heures.
Je n'ai pu te retenir.
Tu devais faire place à la nouvelle année
qui se présentait, toute décidée,
de l'autre côté du dernier coup de minuit.

Regard en arrière, survol de cette année:
mes joies, mes préoccupations, mes peines.
Des enfants nouveau-nés, des amis disparus,
des événements repères, déjà glissés dans des albums de photos.
Des centaines de pages griffonnées au fil des jours.

Un regard en arrière, un survol de ma vie,
durant cette année unique de mon existence.
À l'instant, le soleil qui se lève se couche sur ma feuille
comme pour me faire un clin d'œil complice.
Je me sens les yeux rougis.
Au revoir 2004!
Je ne puis que te remercier pour la vie et pour le soleil.
J'ai fait ce que j'ai pu;
je le dépose à tes pieds.

Je lève les yeux vers le soleil de ce premier janvier.
Bienvenue 2005!
Je t'accueille dans mon cœur et dans mon âme.
Et le soleil qui se lève se couche à nouveau sur ma feuille.

Un peu d'exercice

L'exercice active ma circulation et fait naître en moi une énergie de vie, une énergie de guérison. Quand je bouge, je me sens bien. Quand je reste passive, je m'ankylose, je m'enveloppe d'une couche de lourdeur, j'engraisse et je dirais même que mon système s'encrasse.

Le pas le plus important est le premier, c'est-à-dire la décision de faire de l'exercice. Profiter des activités quotidiennes pour faire de l'exercice et ne pas attendre nécessairement la prochaine session d'inscription à un centre d'activités: marcher, monter les escaliers, profiter d'une distance à parcourir pour faire de la marche rapide, passer le râteau...

L'équipement de base, ce sont les souliers de course; le reste, tous les vêtements et accessoires ne sont pas indispensables.

La compagnie peut motiver à faire de l'exercice et à persévérer: marcher ou courir tout en jasant, aller à deux ou en groupe à des cours de danse. À l'exercice se joint alors un intérêt, une motivation sociale.

Me créer une certaine discipline et un petit rituel non contraignant mais dans le sens d'un moment réservé à ma santé. Par exemple, aller au travail en faisant de la marche rapide ou à bicyclette, aller à la piscine chaque fin de semaine, faire une promenade à chaque matin...

Mettre de côté l'obligation et faire de l'exercice pour le bien que cela me procure, savourer la sensation de mieux-être du corps et de l'esprit sans l'escamoter.

S'il m'arrive de suspendre ou de ralentir momentanément mes périodes d'exercice, ne pas abandonner, me reprendre et recommencer, confiante.

* * *

En matière d'exercice, il ne faut pas dire demain. C'est aujourd'hui que ça commence!

À chaque jour, j'arrose mes rêves

— J'ai une question pour toi: qu'est-ce qui différencie un rêve d'un projet?

— Le rêve, on le caresse, on le berce, on le sent et on le laisse grandir. Il germe en nous. Il peut faire mentir toutes les lois de la logique et toutes les statistiques. Le rêve vient du cœur, il vient de l'âme. Il est né d'une semence de notre intuition profonde et il demeure directement branché sur le cœur. Parce qu'il est bien enveloppé au fond de nous, il peut survivre aux grands vents de la vie. Il a quelque chose de très personnel, d'intime, de sacré même. Le projet, lui, se construit et se bâtit sur une base, sur une fondation plus rationnelle, plus intellectuelle, plus cartésienne quoi! Le projet peut se monter à deux ou à plusieurs personnes. Tu veux que je te résume la différence entre les deux?

— Oui!

— Dans un projet, deux plus deux font quatre et doivent faire quatre. Dans un rêve, deux plus deux peuvent faire quatre, six ou trois, ça n'a pas d'importance! Tu saisis?

* * *

Tout comme les plantes, les rêves ont besoin d'être nourris d'espoir et arrosés d'une sage confiance aveugle.

Contente et heureuse!

— Quand je suis heureuse, j'aimerais que le temps s'arrête et que cela dure longtemps, très longtemps. En fait, souvent je ne sais même pas exactement pourquoi ça sourit en moi. Ça a commencé quand, comment? Je ne sais trop. Un plus deux plus trois et voilà les ingrédients nécessaires pour faire naître une sensation de bien-être, de bonheur et de joie pure non accrochée à un événement en particulier. Je veux goûter et savourer ces moments.

C'est étrange à quel point on voit les choses différemment quand le cœur est heureux. La montagne de préoccupations et d'inquiétudes de la veille est toujours là, mais la joie au cœur me la fait voir différemment. Au lieu d'une montagne infranchissable, cette dernière en devient une à escalader, un pas à la fois, avec des moments prévus de repos et avec des moments d'arrêt pour regarder le chemin parcouru et admirer le paysage. Mes lunettes de la réalité changent quand je suis heureuse.

— Tu sais quoi? Le bonheur, la joie, ça se communique. Le bonheur se voit dans les yeux, dans le sourire et il se ressent dans la voix. Ça a quelque chose de magique et de contagieux, une saine contagion.

* * *

Les moments de joie et de bonheur, si petits soient-ils, sont des semences et des oasis sur la route de ma vie.

Notre vie...

Bien loin des concepts philosophiques,
il y a des images qui nourrissent notre esprit et notre cœur.

Notre vie est une *montagne*,
une montagne incommensurablement grosse
à nos yeux d'enfant,
une montagne à escalader
et au sommet de laquelle on espère arriver un jour
pour s'y arrêter et apercevoir la vue
de l'autre côté et d'en haut.
Les paliers existent,
mais la montée est continue,
pleine de détours et de sentiers inconnus.
La montagne de la vie nous appelle
et éveille en nous le goût de l'aventure,
de la découverte et de la motivation face au défi.

Notre vie est un *arbre*.
On dit bien:
Planter un arbre, c'est planter la vie!
L'arbre,
c'est la force, la stabilité, la croissance,
l'abri et la protection,
mais aussi une certaine fragilité
face aux grands vents et aux intempéries.
Quand on regarde un arbre,
pense-t-on à l'essentiel de l'arbre, ses racines,
pourtant bien cachées et dissimulées?
Elles nourrissent l'arbre en puisant dans le sol
l'énergie de vie et de croissance indispensable.
Nos racines sont aussi les fondations,
les bases de notre vie,
et elles peuvent demeurer bien cachées.

Nous sommes à l'image des arbres de la forêt.
Chacun grandit, se développe et vit à sa façon.
Chacun est ce qu'il est, tout ce qu'il est.
Chacun cherche sa place et... sa lumière.

Notre vie est une *fleur*
qui s'éveille à la vie,
ose s'ouvrir au soleil
et fait la joie de la personne qui la cueille et la sent.
Chaque fleur a son histoire unique.
Elle passera sa vie dans un champ,
elle poussera dans un jardin
ou encore sera cultivée, coupée et déposée dans un vase.
Beauté et fragilité caractérisent la fleur.
Elle ose s'ouvrir à la vie
au risque d'être ébranlée par le vent, le gel,
le manque d'eau ou même le pied du passant.
La fleur souligne
les événements importants de nos vies,
de la naissance à la mort.
Notre vie ressemble à cette fleur unique,
chargée de vie, symbole de vie
mais aussi tellement fragile!

Notre vie est un *escalier*,
un long escalier qui se dessine devant nous.
À chaque jour une marche,
à chaque jour un pas,
à chaque jour un souffle
pour continuer d'avancer et de monter.
Aujourd'hui, je ne suis plus à la marche d'hier
et pas encore à celle de demain.
Il m'arrive souvent de me retourner
et de jeter un coup d'œil aux marches gravies,
m'étonnant du chemin parcouru.
L'escalier me donne la sensation
d'avancer une marche à la fois
et de grandir jusqu'à ma dernière marche.

Ma vie,
une montagne d'espoir, de découvertes, et un grand défi,
un arbre bien enraciné et affrontant tous les vents,
une fleur avec sa beauté unique et son innocente fragilité,
un escalier à monter, une marche à la fois.

Chapitre 6

Ressources naturelles pour le cœur

Laisser tomber les blindages protecteurs du quotidien
et me laisser volontairement pénétrer et imbiber
par toutes les semences de vie
qui m'entourent ou qui sommeillent en moi!

Savoir garder les deux pieds sur terre
pour vivre la réalité, ma réalité.
Savoir lever les bras et la tête
vers le ciel, vers le soleil,
pour y puiser l'air, l'énergie et la lumière
dont j'ai besoin à chaque jour, à chaque pas...

Cordo-thérapie

— Dis-moi, qu'est-ce qui te prend d'étendre le linge à pareille heure? Le soleil est à peine levé!

— Ça me fait du bien. J'adore étendre du linge sur la corde. Chaque morceau de linge que je prends a été savonné et rincé. Maintenant, je l'étends de tout son long pour qu'il sèche au soleil et au vent. Plus tard, quand je l'enlèverai, il sentira bon et sera tout différent, tout chaud. Puis, je le plierai et l'empilerai doucement. C'est ma *cordo-thérapie*. C'est comme dans la vie! Si on savait mettre nos problèmes au lavage et les étendre sur la corde, ça nous permettrait de prendre une certaine distance face à eux, de lâcher prise puis de les voir avec un autre regard. Je crois que beaucoup de nos difficultés seraient moins pénibles à vivre et à surmonter.

* * *

Trouver les gestes et les activités qui sont pour moi source de guérison, parce que ça me fait du bien, c'est me donner un souffle de vie. Je trouve ces gestes et ces activités de guérison et je les fais maintenant sans m'attarder au jugement des autres.

Je me dépose, je me repose

J'ai longtemps considéré que le repos était du temps de vie perdu. En farce, je disais même que je me dépêchais de dormir et de me reposer. Il m'aura fallu la maladie pour saisir l'importance vitale du repos. Le repos n'est pas un vol à la vie, c'est un droit légitime du corps et de l'esprit en vie. J'ai appris à m'autoriser à me reposer, à m'y bien sentir et à en profiter avec plaisir même. Tu sais quelle est ma phrase magique lorsque je m'allonge pour une sieste, pour relaxer un moment ou encore pour la nuit? *Merci à celui qui a inventé le lit, merci beaucoup!*

J'ai aussi compris que le bon moment pour me reposer, c'est, si possible, lorsque j'en ressens le besoin plutôt qu'uniquement en fin de journée: une pause dans la nature lors d'une promenade, une sieste couchée dans le hamac ou encore blottie sur mon divan. Quelques minutes de détente et de sommeil entre deux activités ou encore une nuit de sommeil profond sans préambule et sans jugement, parce que j'en ai besoin, parce que mon esprit et mon corps réclament une pause pour récupérer et aller… rêver.

* * *

Me reposer, c'est ma façon de reconnaître et de respecter mon besoin légitime de récupérer. Le repos, c'est un souffle de vie… à ma vie!

J'écris

— Que fais-tu? Euh, non, ce n'est ni le bon moment ni la bonne place, je crois!

(Un peu plus tard...) — Où es-tu? Que fais-tu?

— Je suis là-haut, tranquille et j'écris. J'ai besoin de calme et de silence. Mon cœur ne peut saisir sa réalité ni livrer son message dans le brouhaha. Il doit se déposer pour s'ouvrir et pour écrire avec l'encre de mon âme. Tu comprends?

— Oui.

— Psst!

— Quoi?

— Tu as saisi que le cœur a aussi besoin d'air, de soleil et de lumière? Je te laisse tranquille. À plus tard!

* * *

Les jours de tempête, mon cœur trouve refuge, nourriture et plaisir dans le calme apaisant de la nature et dans l'écriture sans se laisser bousculer ni par les autres, ni par les événements, ni par le temps.

Lave-cœur

Un lave-cœur, ça existe? Par moments, il me semble que ça me ferait du bien de laver mon cœur pour le rafraîchir, le détendre, le mettre à neuf, le laver de toutes ses préoccupations, de ses sautes d'humeur, de toutes ses larmes et même pour lui enlever un peu de la rouille des années.

C'est vrai! Le cœur encaisse tout; il absorbe tout et garde souvent cela pour lui tout seul. À un moment donné, ça ne va plus. Parfois il se met à trembler ou à galoper (arythmie ou palpitations), à avoir la nausée (indigestion), à enfler (insuffisance cardiaque) ou encore il fait une colère noire et bloque sa circulation (thrombose ou infarctus). Il lui arrive même de se fendre en deux (dépression). C'est sa façon de s'exprimer.

— Ce soir, tu sais de quoi j'aurais le goût? Est-ce que ça existe pour les cœurs des *lave-cœurs* à l'eau bien chaude?

* * *

J'ose me mettre à nu intérieurement pour mieux ouvrir mon cœur et mon âme à leurs besoins et à leurs secrets profonds.

La pêche aux souvenirs

— Veux-tu bien me dire ce que tu fais?

— Je fouille. Je cherche des souvenirs du passé.

— Mais pourquoi aujourd'hui?

— Parce que c'est le temps. Je me suis réveillée ce matin avec cette idée en tête et, pour moi, c'est important maintenant. Il y a plein d'objets souvenirs depuis mon enfance; certains me rappellent une personne, un lieu, un événement et même une odeur. On met souvent ces objets dans un coffre du grenier ou dans des boîtes au fond de la cave et on les relègue aux oubliettes. On ne saisit pas l'importance du vécu accroché à ces objets que l'on a reçus, caressés, sentis et aimés. Aujourd'hui, je veux reprendre ces objets, les remettre au grand jour, revivre ce qu'ils me rappellent et, en fin de journée, je me détacherai d'un certain nombre d'entre eux. Je les sors de la poussière pour leur permettre peut-être de renaître ailleurs. Tout ça me fait du bien intérieurement, je le sais.

* * *

Les souvenirs depuis mon enfance demeurent des souvenirs tant et aussi longtemps que mon cœur en a besoin. Puis, un jour, ils deviennent comme les marches d'un tremplin pour me permettre de franchir une autre étape et pour mieux m'aider à plonger et à vivre dans ma réalité d'aujourd'hui.

Ma RAMPE santé

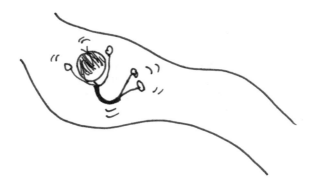

— J'ai trouvé un mot d'ordre, un mot qui renferme des lettres magiques, chaque lettre étant la première d'une activité, voire d'une orientation importante pour moi. Chaque jour, je m'arrête un instant et je fais le point intérieurement.

R pour Repos
A pour Alimentation
M pour Ménage
P pour Prière
E pour Exercice

Et le tout fait RAMPE. C'est ma rampe d'accès à la santé, à ma santé. Parfois je triche ou je dévie, mais le mot est profondément ancré en dedans et ça m'aide à me recentrer sur ce qui est essentiel à mon bien-être. Ce serait quoi, ta rampe santé à toi?

— Attends un peu… R pour Rire, M pour musique, A pour…

* * *

Il m'appartient de me trouver des outils et des façons de faire pour me guider et m'aider à ne pas oublier de prendre soin de moi.

Le plus grand théâtre du monde

On regarde trop souvent le sol et... nos souliers. On oublie de lever la tête, d'observer le ciel. Ah oui, on y jette un coup d'œil rapide, question de savoir le temps qu'il fait ou encore de constater que la pluie s'en vient.

J'adore m'étendre sur le sol et rester là juste à contempler ce qui se passe au-dessus de moi. Encore hier, je m'amusais à y reconnaître mille et une formes, mille et un visages: un oiseau, un canard, une tête d'Indien, un fœtus, une cheminée, un cheval, un ange... Les formes sont là quelques instants puis elles n'y sont plus ou ne sont plus les mêmes. Les nuages avancent, se forment, se déforment, se coupent, s'entrecoupent, se confondent, se transforment, se dépassent et s'entrelacent même. Au milieu de toutes ces formes, des oiseaux et des mouettes qui volent, virevoltent et planent en silence avec le soleil et le ciel comme toile de fond. Un grand théâtre, le plus grand théâtre du monde, c'est le ciel.

* * *

M'arrêter le temps d'admirer un des plus beaux spectacles de la terre, celui du ciel et de ses nuages, c'est pénétrer le monde de l'imaginaire et de l'impermanence et cela est une douce vitamine pour mon cœur.

Cuisine de famille

Assise dans un café, j'écrivais. Des voix d'hommes, de femmes et même des pleurs de bébé, des rires, des exclamations, des bruits variés. Tout cela créait une certaine symphonie que j'ai baptisée *la cuisine de famille*. C'était en début de matinée.

Une femme et son mari déjeunent presque en silence; chacun lit sa page de journal et ils échangent alors quelques mots. Devant leur tasse de café, une fille et son père jouent aux cartes, tout absorbés par leur jeu. Trois travailleurs de la construction, les mains déjà tachées par leur travail, avalent leurs brioches avec appétit. Un homme d'affaires a étalé agenda et papiers sur la table; il travaille et son café refroidit. Il y a aussi cette dame qui, tout comme moi, regarde et écoute, puis, se sentant peut-être trop seule, compose un numéro sur son cellulaire. Un bébé assis dans un siège déposé sur la table, boit son biberon en fixant du regard ses parents qui mangent. Des collégiens terminent à la hâte un devoir en sirotant leur chocolat chaud. Par la fenêtre, j'entrevois le visage de ceux et celles qui s'attrapent un déjeuner en voiture parce qu'ils n'ont pas le temps, eux, de venir se baigner dans *la cuisine de famille*!

Tous ces gens auraient pu déjeuner chacun chez soi. Je crois avoir saisi ce qu'ils viennent chercher… un petit bonjour, un accueil, une présence.

Bercée par la musique

— Qu'est-ce que tu fais?

— Je me laisse bercer… par la musique. Tu n'as pas idée à quel point cela me fait du bien. Je ne parle pas d'écouter simplement de la musique. Je parle de me laisser pénétrer, imprégner et habiter par la musique. Et je ne parle pas de n'importe quelle musique. Je parle d'une musique que j'aime et qui me nourrit le cœur et l'âme, une musique qui reste gravée dans mon cœur et qui continue de résonner intérieurement même une fois terminée. Une musique dont les accords et les notes m'enveloppent et une chanson dont les mots me parlent directement.

Il y a des moments où j'aime la musique plus calme et les voix plus douces, d'autres moments où le rythme *crescendo* et les riches voix me nourrissent tout aussi bien, mais différemment selon mon humeur du moment.

* * *

La musique et le chant sont des souffles de vie et des ressources pour le cœur. L'essentiel, c'est de m'accorder des moments de pause musicale et de choisir ce dont j'ai vraiment besoin.

La nature, une force de guérison

— Tu cherches quelque chose?

— J'ai trouvé un trésor. J'admire les petites gouttelettes de rosée tombées sur les brins d'herbe. Ça miroite au soleil. Chaque brin d'herbe devient ainsi un diamant de la nature. Combien de personnes ne se sont jamais attardées à contempler les brins d'herbe de près. Les adultes occupés ne prennent plus le temps de se pencher pour admirer la nature sur le sol et souvent ils ne se lèvent plus la tête pour admirer les arbres et le ciel. Et pourtant! La vie habite chaque brin d'herbe, chaque fleur, chaque feuille. Elle court dans l'eau du ruisseau, remplit le sol et gambade avec les petits animaux dans la prairie. C'est tout plein de vie autour de moi et souvent, je l'avoue, je ne prends pas le temps de m'y arrêter et de m'en nourrir. La vie de la nature est contagieuse. Elle est là pour nous et avec nous. Un lever ou un coucher de soleil, une douce rosée sous mes pieds, une poignée de terre réchauffée par le soleil, l'eau fraîche de la rivière sur mes pieds, l'odeur unique d'un matin d'automne, le chant de mes amis les oiseaux juste là dans mon jardin, tout cela c'est de l'énergie et de la guérison.

* * *

Chaque brin d'herbe de l'univers contient une énergie de vie et une force de guérison.

Flamme intérieure

— Il y a quelques minutes, je l'ai ressentie au creux de ma poitrine. Ça fait tout chaud et c'est comme un petit cocon déposé en moi.

— Mais qui donc? Est-ce que tu te sens bien?

— Oui, absolument, très bien. Je parle de ma flamme intérieure. Souvent, je virevolte, je m'éparpille et j'ai même le sentiment de tourner en rond. Ce matin, c'est très différent. Ma petite flamme intérieure, c'est comme ma source de vie. Quand je me sens bousculée, contrariée et mal dans ma peau, il m'arrive de m'arrêter un instant et de me demander où en est ma flamme intérieure. Presque inévitablement, je l'imagine et je la sens alors chancelante, balayée à droite et à gauche par les vents extérieurs et luttant pour ne pas s'éteindre. Je l'avoue, souvent, elle manque d'oxygène, d'écoute et d'attention de ma part. Elle a aussi besoin d'être nourrie à la Flamme divine, et alors, je me recueille et je prie tout simplement et tout doucement. Elle a survécu aux vents et aux marées de ma vie et elle continue pourtant de brûler. Elle sait ce dont elle a besoin. Reconnaître que j'ai une flamme intérieure de vie en moi, c'est accepter d'en prendre soin et donc de prendre soin de moi.

* * *

La flamme qui brûle et brille en moi, c'est à la fois la fragilité extrême et la force de la vie.

Du fond des montagnes

— Qu'est-ce que tu fais?
— Chut! J'écoute le vent des montagnes et... j'écris!

Je sens sur ma peau
ce vent qui vient des montagnes
et qui transporte avec lui
la douceur, le calme et la sérénité.

Il n'est que silence
et pourtant je l'entends,
avec toute la profondeur
de ce qu'il veut me dire.

Il n'est que douceur
et pourtant il est chargé
des odeurs, des bruits et des sons
à travers la clairière.

Il est à la fois lointain et tout proche,
balayant l'histoire de cette terre,
du passé de l'instant d'avant
au présent d'éternité du moment que je vis.

* * *

Savoir m'arrêter, regarder et écouter pour percevoir et saisir les messages de la nature.

Parce que... l'énergie, ça se crée

— L'autre jour, j'ai vu un semi-remorque installé près d'une zone de travaux. Sur le camion, il était écrit *Énergie à louer*. Ah oui! Si on pouvait louer ou même acheter de l'énergie pour soi, ce serait super.

— Moi, je crois que l'on peut créer et générer notre énergie et même refaire notre réserve. Soyons clairs cependant. Si une personne fait de l'anémie pour une raison précise, elle risque de se sentir fatiguée et sans énergie. Il y a là une cause qui devrait être corrigée. Je parle des autres pannes d'énergie, celles qui nous collent à la peau sans origine physique qu'on puisse enrayer médicalement.

Je l'ai expérimenté: un premier pas, un second pas, une marche de quinze minutes, vingt puis cinquante pas de jogging, dix puis vingt minutes d'aérobie, quelques pas de danse seule, puis une chorégraphie en groupe... L'énergie se crée, s'accumule et se partage. Dieu que ça fait du bien de me sentir animée d'une énergie que je génère par le mouvement de mon corps et qui alimente mon esprit et toute ma personne. Dieu que ça fait du bien de me sentir envahie d'une énergie de vie qui est mienne après tout mais qui était endormie.

* * *

J'ai au fond de moi une semence d'énergie qui ne demande qu'à grandir si je consens à l'arroser de ma volonté et de mon effort intérieur.

Rencontrer l'autre

La vie m'a amenée à côtoyer et à connaître des gens à la culture et au mode de vie bien différents: des Indiens montagnais de la Basse-Côte-Nord québécoise aux Africains de différents pays, des Africains aux réfugiés de plusieurs pays qui viennent frapper à notre porte à la recherche d'une terre de refuge. Que d'images dans ma tête, que de rencontres au fil des jours et des années, que de regards qui ont touché mon cœur, que de poignées de mains et, je te l'avoue, que de gens serrés dans mes bras.

Des mains de cultivateurs marquées par le labeur quotidien à la douceur d'un bébé naissant dans mes bras, des pas et des chants rythmés de musique et de danse au bruit saccadé du pilon des femmes, des regards, des sourires, des yeux rougis, des larmes, des histoires de vie, des histoires uniques d'un peu partout.

* * *

La découverte de la différence aplanit la peur de l'inconnu et lève le voile sur ce qui unit les hommes, les femmes et les enfants de tous les coins du monde: leur cœur.

Je me laisse bercer

— Aujourd'hui, j'ai envie de me bercer.

— Te bercer ou te faire bercer?

— Me laisser bercer! Tu as raison. Il y a des jours où j'ai besoin de bercer mon cœur, des jours de peine, de tristesse, des jours où mon cœur a froid. Il y a aussi des jours, comme aujourd'hui, où j'ai besoin de me laisser bercer tout entière par la vie comme si je me déposais sur un immense nuage ou sur une mer calme au gré de la brise. Me faire bercer, c'est lâcher prise, c'est accepter de laisser le contrôle sur les autres et sur moi, c'est m'abandonner à ce qui est, à la vie, à aujourd'hui et surtout à demain en mettant de côté mes peurs et mes doutes. Je l'illustrerais en te disant que c'est mettre tout à *pause*, non par défaut ou par obligation mais volontairement, avec confiance et en me sentant bien là-dedans. Me laisser aller au balancier de l'espoir, au balancier de la vie. Ce n'est pas toujours facile ni évident. Ça peut paraître étrange, ce que je vais te dire, mais ça demande… de la pratique.

* * *

Me laisser bercer, c'est oser lâcher prise, m'abandonner et faire confiance à la vie comme un enfant qui se laisse bercer par un parent qui l'aime.

La parole est au silence

— Je plonge dans le silence! Tu sais ce que je constate? Le silence fait peur. Partout où il y a du silence, on essaie de le meubler, de le faire taire en le remplaçant par des bruits, des paroles ou de la musique. On étouffe le silence parce qu'on a du mal à l'endurer. Et pourtant!

Moi, j'aime bien vivre quelques jours dans le silence d'un monastère. Ah! Il y a aussi le silence de la nature à cette heure exquise où le jour tombe et il y a aussi le silence de la nuit. Le silence a une voix bien à lui, une voix qu'il faut vouloir entendre pour qu'elle nous livre son message. Le silence sait me murmurer, à sa façon, les réponses à mes questions. Le silence n'est pas qu'une absence de bruits; il a le droit d'être créé et d'exister. Il me faut lui faire de la place et l'écouter.

La méditation et la prière appellent le silence. Le silence appelle la prière et la méditation. Plonger dans le silence, c'est me permettre d'expérimenter une ressource de guérison pour tout mon être; c'est aussi me donner l'occasion d'entrer en contact réel avec mon âme et avec la Présence divine en moi.

* * *

Le silence est présence intérieure! Le silence est aussi Présence!

Je fais de nouveau confiance à la vie

Je me suis réveillée avec des malaises dans mon corps, malaises qui me préoccupent déjà depuis un moment. Je n'ose trop me l'avouer, mais il y a une trace d'inquiétude en moi. J'ai beau me dire que ce n'est rien, que c'est sûrement fonctionnel, ça ne disparaît pas vraiment. Un mal bizarre, sournois, qui part et surtout qui revient.

Ce matin, j'étais donc dans cette réalité. Deux bonnes bouffées d'air frais au réveil puis un petit moment de recueillement à la flamme d'un lampion. *Seigneur, donne-moi la sagesse de prendre soin de moi avec tout ce que cela implique.*

Un déjeuner léger puis un saut à l'extérieur pour voir le soleil, sentir l'air froid de décembre entrer dans mes poumons, nourrir les oiseaux puis marcher et courir un peu dans le parc.

Aujourd'hui, je sens avoir entrepris une démarche intérieure. J'ai apporté des changements à mon rythme de vie. J'ai prié avec sincérité, j'ai respecté ma promesse d'aller dehors puis j'ai lâché prise avec confiance. Un calme s'est progressivement installé en moi, une douce sérénité. Je me suis alors rappelé le visage souriant d'une connaissance, rencontrée hier, qui m'a dit en me voyant: *Votre visage est bon, vous avez l'air en forme!* Ce regard souriant m'est apparu comme un clin d'œil de la vie.

* * *

L'ancrage de la confiance en la vie a pour nom *lâcher prise.*

Un sourire qui fait du bien

— Je touche la face du soleil! Je m'accroche à sa lumière, à sa chaleur, à sa source d'énergie et à son sourire.

— Parlant de sourire, je te raconte ce qui m'est arrivé il y a quelques jours. J'étais à écrire dans un café. Une serveuse circulait pour ramasser les plateaux et la vaisselle laissés sur les tables. En arrivant près de moi, plutôt que de m'ignorer et passer rapidement à la table d'à côté, elle s'arrête un court instant et me regarde en souriant, tout simplement. Tu ne peux savoir le bien que m'a fait cette petite attention, particulièrement ce matin-là où mon cœur en avait grand besoin. Fût-il teinté de politesse, ce sourire gratuit et spontané a été comme un cadeau précieux, un baume pour mon cœur fragile. Ce sourire peut être un sourire qui accueille, qui comprend ou encore un sourire amical complice. L'essentiel est qu'il est gratuit, sincère et qu'il va droit au cœur.

* * *

Le sourire a quelque chose d'unique et de magique; il ouvre la porte entre deux cœurs.

Les 4 C

— C'est calme et doux en dedans. Ce que ça fait du bien de me sentir ainsi! Je savoure ces instants. Je les laisse vivre en moi, puis ils deviendront un beau souvenir dans lequel je pourrai plonger quand j'en aurai besoin pour m'y ressourcer. Il y a quelque chose de merveilleux là-dedans, tu ne trouves pas? Hier, c'était la houle et aujourd'hui, dès le réveil, c'est comme le calme après la tempête.

Calme: Tout bat comme il se doit, mais doucement, à un rythme balancé par la musique de la vie.

Centrée: J'ai les deux pieds bien sur terre et le cœur à la bonne place, bien nourri et gardé au chaud.

Clarté: Tout est plus clair. Le tunnel est moins long et il y a de la lumière au bout. Je n'y croyais presque plus.

Confiante: Tout respire mieux autour de moi et en moi. Demain s'ouvre sur quelque chose de nouveau et de beau.

* * *

Il faut savoir s'arrêter pour savourer les bons moments. Ils sont comme des points-virgules, des pauses sacrées dans l'histoire de ma journée et de ma vie.

Cachette et face cachée

Je touche la face des étoiles!

Coucou! Je suis devant
la face cachée d'une étoile.

J'ai vu une étoile se bercer sur la lune.

Je me balance au clair de la lune.

Je me réchauffe au creux du soleil.

* * *

Mon cœur d'enfant ne vieillit pas si je le laisse s'épanouir et rêver. Le monde imaginaire de mon enfance déborde de ressources pour mon cœur. Il me suffit de vouloir y retourner et la magie s'opère.

Mon jardin secret

— Comment définirais-tu cela, toi, un jardin secret?

— C'est un coin de mon cœur que je suis la seule à connaître, un petit coin où sont déposés des souvenirs, des sensations, des rencontres et beaucoup de sentiments que je n'ai jamais partagés. C'est le journal intime de mon cœur, sans papier ni crayon.

— Tu crois que tout le monde a un jardin secret?

— Oui, mais tout le monde n'en est pas conscient de la même manière. De toute façon, chaque personne a l'intuition légitime de garder un petit coin de son cœur bien à elle. Il peut arriver qu'à un moment donné de sa vie, une personne sorte à l'extérieur une fleur de son jardin secret, sentant que c'est mieux ainsi pour elle.

— J'ai une question. Est-ce qu'il peut y avoir de mauvaises herbes dans mon jardin secret?

— Malheureusement oui. Il m'appartient de l'entretenir et d'en faire le ménage. On doit arracher les mauvaises herbes avec douceur pour ne pas blesser les fleurs en même temps.

— Encore une question. Si on met les jardins secrets de tout le monde ensemble, est-ce que ça fera un grand jardin secret communautaire?

* * *

Mon jardin secret, c'est un coin de mon cœur que moi seule peux bercer. Je me dois de l'arroser avec amour et respect.

Merci, douce oreille!

J'étais à écrire dans une cafétéria. Une dame s'approche doucement et s'arrête devant ma table. «Je peux vous parler une minute?» Ses yeux appelaient l'accueil, l'écoute et la présence. Elle devait prendre une décision à savoir si elle allait déménager en résidence. «Le plus difficile à vivre et à vieillir seule, me dit-elle, c'est de n'avoir personne à qui parler et avec qui partager.»

Mon cœur a souvent eu besoin d'une douce oreille pour l'écouter, besoin d'une écoute gratuite, sincère, sans jugement et sans analyse, branchée directement sur le cœur. M'ouvrir et me confier, c'est accepter le lien privilégié avec le cœur de l'autre, c'est aussi accepter que l'autre soit un miroir. Le seul fait de m'entendre parler à l'autre me fait du bien et libère de la place en moi… et la suite est souvent plus claire et plus facile.

La vie est ainsi faite que je peux tantôt être celle qui a besoin d'être écoutée par l'autre, tantôt celle qui écoute l'autre: un parent, une amie, une simple connaissance ou même une personne rencontrée fortuitement. C'est le hasard qui guide le cœur ayant besoin d'écoute vers la bonne oreille et au bon moment. Oh! Il faut parfois faire un pas et oser s'approcher de l'autre pour y rencontrer une douce oreille. Que sera la suite? Est-ce si important de le savoir?

* * *

Tu as vu les larmes étouffées de mon cœur sur le bord de mes yeux. Dans le silence, tu m'as ouvert ton oreille et ton cœur.

Cri du cœur, prière de l'âme

— Prier, tu sais ce que ça représente pour moi? Prier, c'est parler à quelqu'un qui m'aime, c'est parler à Dieu. C'est me mettre dans un état d'ouverture, de confidence, de partage et d'Amour. C'est me laisser être comme je suis, sans pelure, sans censure et sans artifice, sincèrement et le cœur ouvert. Ah, il m'arrive de pleurer et même de me fâcher lorsque je prie. J'ouvre et je dépose alors mon cœur et mon âme tels qu'ils sont. Prier, c'est nourrir mon âme et me donner un souffle de vie. Il m'arrive d'écrire mes prières. C'est ce que j'ai fait un peu plus tôt ce matin. La voilà telle quelle, une prière, tel un cri du cœur.

Seigneur Jésus,
J'ai besoin de toi ce matin,
besoin de ta présence, de ta voix, de ton épaule.
J'ai besoin de sentir que tu m'entends,
que tu m'accueilles, que tu es là, tout simplement.
J'ai besoin de ta main
pour tenir la mienne.
J'ai besoin de ta main
pour la déposer sur mon cœur qui tremble.
J'ai besoin de ta voix
pour murmurer à mon oreille
que tu es là tout près de moi et que tu restes là.
Seigneur Jésus,
j'ai besoin de la chaleur de ta présence,
du réconfort de ta présence, de l'Amour de ta Présence.
Amen!

Les fleurs du cœur

— Il est des jours où mon cœur a l'impression de pouvoir semer la joie, la bonne humeur, la confiance et l'amour un peu partout autour de lui. Tu connais ça, toi, de telles journées?

— Oui et si le cœur peut ensemencer autour de lui, c'est parce
qu'il en a aussi semé au fond de lui. C'est le coup de main donné
à un parent, c'est la visite à une amie malade, c'est la carte écrite
à une personne aimée, c'est la tristesse et la peine de l'autre écou-
tées et accueillies, c'est le jeune encouragé à relever un défi spor-
tif, bref, ce sont tous ces instants où notre cœur parle avec amour
et dépose une graine de cet amour dans le cœur de l'autre. Mais
c'est aussi la satisfaction de m'être engagée à une activité de
ressourcement, c'est la grande joie d'avoir cru à un rêve et d'y être
plongée corps et âme, c'est le contentement d'entreprendre un grand
ménage extérieur et intérieur, c'est la sensation de bien-être d'avoir
pris soin de moi et de continuer de le faire, c'est tout ça et bien
d'autres choses. On a des trésors cachés en nous, mais ce sont toutes des fleurs du cœur. Chacune a été ensemencée silencieusement
en nous et, si on lui en donne la chance, elle portera fruit, un fruit
délicieux à savourer et à partager.

* * *

Chaque fleur du cœur est unique sur la route de ma vie. Tantôt je les sème, tantôt je les cueille.

Merci à toi!

Tu es plein de lumière,
plein de chaleur et de douceur.
Tu te glisses et te faufiles
là où seul le vent semble pouvoir passer.
Tu t'étends dans toute ta splendeur
et tu fais le pont entre les frontières
que les hommes ont tenté de délimiter.
Tu te déposes avec majesté et indifférence,
aussi bien sur les océans
que sur les plaines, les montagnes et le désert.
Tu habilles avec douceur
aussi bien l'enfant nouveau-né,
qui ouvre ses yeux pour la première fois,
que le vieillard hésitant à poser son pas.
Tu salues le jour qui commence
et, au tournant de la terre,
baisses le voile du firmament.
Tu assistes à la naissance du papillon,
réchauffes l'oisillon lors de son premier vol
et donnes à la fleur l'énergie de s'ouvrir.
Tu répands ta chaleur sur les champs de blé
et chatouilles le glacier gêné de te faire face.
Tu accompagnes d'une dernière lumière
le corps que l'on dépose en terre.

Tu es plein de lumière,
plein de chaleur et de douceur.
Je t'aime, soleil.
Ce matin,
c'est à mon tour d'assister à ton lever
et je veux te dire *Merci*!

Chapitre 7

Oser pour guérir

Oser croire en la vie,
c'est prendre le plus grand et le plus beau risque,
celui de grandir.

La boîte à outils de guérison

Qu'est-ce qui est bon pour moi? Qu'est-ce qui me permet de guérir? Je le sens lorsqu'une activité ou l'autre est source de guérison. Au début, j'en étais moins consciente. Maintenant, c'est beaucoup plus clair intérieurement. Tout a commencé de la façon suivante: chaque fois qu'une rencontre, une activité ou une démarche me faisait du bien, je notais. *Je guéris lorsque...* et j'ai noté jour après jour les différents pas de guérison, même si cela pouvait paraître farfelu. Marcher pieds nus, écouter des dizaines de fois une même chanson, prendre soin de mes plantes, rouler sur l'autoroute sous le soleil, rencontrer des amis autour d'un café et leur faire part d'une préoccupation, recevoir un massage et quoi d'autre. J'ai ainsi constitué ma boîte personnelle de guérison.

J'ai ramassé dans un grand cartable tout ce qui illustre des pas de guérison: une photo, un texte, une pensée, un billet de spectacle, un souvenir de groupe, des exercices d'écriture et plusieurs autres. Je l'ai baptisé mon *cartable de guérison* et souvent je le feuillette. Ma boîte à outils de guérison, je peux aussi la partager avec les autres.

* * *

Il y a des protocoles de traitements mais pas vraiment de protocoles de guérison. Il m'appartient d'inventer et de créer au quotidien mon protocole personnel de guérison.

CV et CMV

— Comment définirais-tu le CV?

— Le curriculum vitæ, c'est un résumé des qualifications, compétences et expériences de travail que l'on remet à un employeur pour se présenter, pour se vendre, si tu me permets l'expression.

— Un CMV, tu connais?

— Euh! Pas vraiment, une variante du CV?

— Beaucoup plus, c'est le bilan CMV, c'est-à-dire *C'est ma vie*. J'ai commencé mon CMV sans trop m'en rendre compte alors que j'étais en convalescence. Je me suis mise à écrire et à écrire encore, puis à fouiller dans mes cahiers de journal. J'ai eu ensuite envie de résumer ma vie sur un grand papier par tranches d'âge et d'y inscrire les événements marquants de chaque période (amour, amis, famille, travail, implication sociale et autres). Les petits dessins qui ont suivi se sont glissés d'eux-mêmes. Progressivement, j'ai constaté que j'étais à dresser le bilan de ma vie et du même coup à faire le point. Quel est le bout de chemin parcouru? Où en suis-je? À cela s'ajoute la question principale: quelle est ma réalité d'aujourd'hui et qu'est-ce que je compte faire de la route qui s'ouvre devant moi? Regarder en arrière dans cette perspective, c'est ce que j'ai appelé mon CMV, *C'est ma vie*, ce qui s'avère beaucoup plus complet et dynamique qu'un CV. Mon CMV me trace la route.

* * *

Regarder en arrière pour mieux avancer aujourd'hui et demain.

Je balance le temps

— Tu as l'air bien dans ta peau.

— Non et… oui finalement. C'est vrai que je suis coincée par le temps qui me bouscule à droite et à gauche et dont je me sens un peu l'esclave. En ce sens, je suis accrochée au temps. Mais tu sais quoi? Au lieu que ce soit lui qui me dirige et me commande, j'ai décidé, et cela bien consciemment, que j'en prends la gouverne. L'image qui m'est alors venue à l'esprit est celle où je me vois vraiment *balancer le temps*. La vie c'est la vie, avec son rythme et ses impératifs, ceux qui sont nécessaires et tous ceux que l'on s'impose… souvent inutilement. Il m'arrive d'étouffer dans cette réalité. Alors j'ai changé mon fusil d'épaule; j'ai changé ma vision et tout est tellement différent. Je me sens beaucoup mieux et plus libre intérieurement.

Tu sais ce que je m'imagine parfois? Que le temps s'arrête et que tous les gens de la terre prennent une grande pause hors du temps, personne n'étant bousculé par rien ni personne. Je suis assurée que si chacun s'imposait cela de temps en temps, il y aurait beaucoup moins de dépression, d'épuisement psychologique et même… de guerres.

* * *

Je balance le temps, tu balances le temps, nous balançons le temps… de temps en temps!

Je brûle mes résistances

— Que fais-tu ce matin? Il est bien tôt pour faire un feu de camp!

— C'est un feu bien spécial. Je brûle mes résistances.

— Ah bon! Ça veut dire quoi exactement *brûler ses résistances*?

— Je veux me sentir mieux dans ma peau et dans mon cœur. Pour cela, je dois accepter de reconnaître que j'ai des blessures, que ces blessures me pèsent lourd et qu'elles ont des causes, que je le veuille ou non: une grosse peine d'enfance, une aventure d'adolescence, une colère non exprimée face à ma maladie, un deuil non achevé...

Étrangement, on dirait que lorsque j'arrive au cœur d'une blessure ou d'un problème et que j'essaie d'y faire face pour en guérir, il y a plein de bâtons dans les roues, plein de résistances qui sortent. Il y a quelque chose en moi qui, même inconsciemment, veut mais pas complètement et cela me joue des tours. C'est mon orgueil, c'est ma peur d'être jugée, c'est ma crainte de ne pas bien paraître, c'est ma peur de perdre l'amour des autres et quoi encore. À la suite de ma prise de conscience, j'ai décidé, ce matin, de poser un geste concret et... symbolique. Je nomme et j'écris mes résistances, du moins celles que je perçois, et je les brûle une à la fois, tant et aussi longtemps que j'en sentirai le besoin.

* * *

Reconnaître que j'ai de grandes résistances intérieures n'est pas chose facile. Cela permet cependant d'ouvrir encore plus grand mon canal de guérison.

Ambulance du ciel

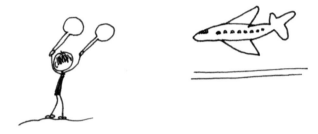

Des ambulances-avions, ça existe pour vrai et pas seulement dans les films et dans les livres. Ces avions qui transportent les accidentés ou les malades des régions isolées, ces avions qui sauvent les sinistrés des catastrophes ou des cataclysmes.

Tu peux bien me dire que c'est enfantin, mais ça me rassure de penser que je peux faire appel à l'ambulance du ciel. *911*CIEl*: c'est l'ami que je peux appeler même en fin de soirée pour lui parler d'une grande inquiétude, c'est mon conjoint qui accueille ma peine et avec qui je murmure une prière avant de dormir, c'est... plein d'exemples. En fait, pas besoin d'attendre l'ambulance du ciel; elle est toujours là dans mon cœur dès que je pense en avoir besoin.

J'ai fait appel à l'*ambulance du ciel* un jour de grande panne et d'errance spirituelle, un jour où j'avais l'impression qu'il n'y avait personne là-haut pour m'écouter, un jour où on aurait cru que le Divin était parti sur une autre planète en se fichant de moi. Dans le fond, j'étais bien fâchée. Je criais à l'injustice parce que je devais encore faire face à la maladie. Pourquoi est-ce que ça n'existerait pas un service d'écoute et de soins immédiats en lien avec le Divin et en réponse à nos demandes, à nos besoins du cœur et de l'âme?

* * *

* CIEL: service 24 heures sur 24.

Au risque de me mouiller

Des fois, je me dis que je devrais oser, mais le doute, la peur de l'inconnu ou encore l'orgueil me bloquent et me paralysent avec comme résultat que je ne me décide pas vraiment. J'attends, j'hésite, je reporte et… je recule même.

Petite, j'adorais sauter par-dessus les flaques d'eau. Ces dernières, au lieu de m'effrayer, m'attiraient comme un aimant et devenaient un défi à relever, au grand désespoir de ma mère qui craignait que je ne tombe et aussi que je ne mouille mes souliers ou mes vêtements. Pour moi, plus la flaque était grande, plus elle était intéressante. Je ne me posais pas de questions; je m'élançais, sûre que je réussirais. C'est vrai, il m'est arrivé de m'éclabousser et même de tomber, mais, au moins, j'avais essayé. Je me relevais, me secouais un peu, prête à affronter la prochaine flaque avec autant de confiance et de volonté.

* * *

Oser, c'est accepter de me mouiller, s'il le faut. Accepter de me mouiller, c'est prendre mon élan et faire une grande enjambée, confiante et ouverte à l'inconnu.

Guérir toutes les facettes de moi

La maladie m'a appris beaucoup de choses sur moi, plus concrètement que les notions théoriques des livres de médecine et de psychologie. Je suis un être complexe et toutes les facettes de moi sont étroitement interreliées.

Mon corps blessé par la maladie vit des symptômes, subit des examens, est confronté à un diagnostic et est orienté vers un certain traitement. Selon la nature et la gravité, la maladie me fait vivre une variété d'émotions, de l'inquiétude, de l'anxiété, de la peur et même de la colère. Nerveuse et préoccupée, je peux éprouver de la difficulté à dormir, avoir moins d'appétit, m'isoler et avoir moins envie de participer à différentes activités. Anxieuse et fatiguée, je réalise avoir plus de difficulté à me concentrer, j'oublie et je dois lire deux fois la même page. J'en arrive à douter de moi, à avoir moins confiance en moi, à douter même de la vie et je sens mes croyances, mes valeurs et même ma foi ébranlées.

Comment guérir les facettes de moi blessées, affaiblies, affectées et perturbées? Il est plus facile de faire tomber un château de cartes que de le construire! Après toutes ces années, je commence à mieux saisir les mots-clés: respect, ouverture, intuition, confiance et temps.

* * *

Le premier pas de la guérison s'avère être la prise de conscience du besoin profond de guérir. Le deuxième pas est à inventer.

Je plonge!

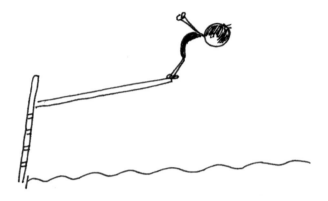

Oser, voilà le mot magique lorsque l'on se retrouve au bout du tremplin pour une première fois et qu'il faut se lancer dans le vide avant de rejoindre l'eau. Les autres peuvent nous encourager, mais personne ne peut faire le saut à notre place. Une fois que les pieds ont quitté le bout du tremplin, pas de retour en arrière. C'est le vide en attendant l'entrée à l'eau. Je ressens encore l'énorme peur puis l'immense joie du premier plongeon de ma vie et de cette douce sensation une fois dans l'eau: *Je l'ai fait! J'ai réussi!*

Il m'arrive de sentir un besoin de plonger, c'est-à-dire de quitter quelque chose pour me lancer dans quelque chose d'autre comme si j'avais une étape à franchir. Quitter le connu pour plonger dans l'inconnu, avec la sensation de me lancer dans le vide, c'est vrai, mais avec confiance, lâcher prise et abandon. Dépasser ma peur pour découvrir et vivre autre chose.

* * *

Plonger dans la vie, c'est oser passer du connu à l'inconnu avec la détermination naïve de l'enfant qui fait son premier plongeon.

Apprivoiser mes cellules et mon corps

Chaque cellule, chaque organe a sa place, sa spécificité et son rôle unique. Nous grandissons et nous vivons avec notre corps plutôt comme s'il nous était étranger, très peu conscients des organes et des milliards de cellules qui nous constituent.

Curieusement, on ressent souvent la présence d'un os, d'une articulation ou d'un organe le jour où on y a mal: une fracture de la jambe, par exemple, des brûlures d'estomac, une douleur très vive d'angine ou d'infarctus. À vrai dire, tant et aussi longtemps que tout va bien, on ignore l'organe ou l'os.

J'ai ainsi commencé à vraiment prendre conscience de mon corps lorsque j'ai dû passer certains examens de diagnostic ou un lendemain pénible de chirurgie ou encore à la suite des traitements de radiothérapie. C'est en période de maladie que j'ai senti le besoin de parler à mon corps, de parler aux cellules cancéreuses que l'on venait d'opérer, de parler à mon utérus et à mes ovaires que l'on allait m'enlever par la chirurgie. Apprivoiser mes cellules plutôt que leur livrer une bataille, aussi bien mes cellules en santé que mes cellules malades, tout cela pour mieux saisir et mieux vivre la suite.

$$* * *$$

Ma vie et tout ce que je suis se véhiculent dans mon corps. Mon corps et la moindre de mes cellules sont mes alliés de guérison et de vie.

Quand le rideau se lève

— Aujourd'hui, si le rideau s'était levé par surprise sur ma vie et sur mon cœur, voilà ce qu'on aurait trouvé. J'ai osé l'écrire et j'ose te le confier tout simplement.

La vie avance… sans moi.
Elle bouscule les événements, elle crée des impératifs.
Elle m'interpelle au quotidien en me donnant la sensation
qu'elle n'a aucunement l'intention de me laisser choisir,
ou encore pire, de me demander la permission.
Et je suis le courant, le courant que la vie m'impose
ou du moins que je perçois ainsi.
Pas de place pour moi, pas d'espace marqué *réservé*:
un quotidien qui est lourd parce qu'il roule trop vite
et qu'il me vole au passage.
Le rythme m'étourdit.
La place est inconfortable et je ne trouve comme solution
que de me transporter d'un lieu à l'autre, d'une table à l'autre,
stylo à la main et feuille blanche devant moi
pour m'arrêter un moment et reprendre mon souffle,
coupée quelques instants du quotidien et de ses exigences.
Les gens parlent tout autour; cela me fatigue et m'exaspère.
J'ai besoin de tranquillité, de silence et d'espace.
Je suis la seule à être seule: c'est un choix et un besoin.

Cœur en souffrance, blasé et froissé, à la fois déçu et en colère.
Cœur qui voudrait bien sourire mais qui en est incapable.
Cœur qui a perdu son rythme,
qui s'est oublié et qui continue de s'oublier.
Cœur qui voudrait dire, qui voudrait crier,
crier la vérité de ce qu'il ressent,
pleurer tout doucement
et peut-être... prier, s'il en est encore capable.

* * *

Oser me le dire et me l'avouer, c'est un grand pas de guérison;
oser partager avec l'autre, c'est un deuxième pas de guérison.

Vivre ce à quoi je crois

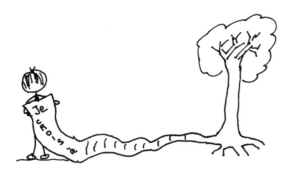

— Je crois à quoi? Si j'avais à écrire mon *credo* personnel comme ça, spontanément et à l'instant, qu'est-ce que j'écrirais? Mon *credo*, c'est le souffle et la voix de mon cœur et de mon âme, c'est l'essence de ma vie. Il doit être authentique et véridique. Si je triche dans ma réponse, je me trompe moi-même et tant pis pour moi. Qu'est-ce que tu y mettrais, toi?

— Moi, je crois...
Que la vie est un grand cadeau,
Que l'on a des ressources insoupçonnées,
Que l'amour peut guérir les plus grandes blessures,
Que la vie nous fait des clins d'œil, à nous de les voir,
Qu'il y a du bon et du beau en chaque personne,
Que chaque jour est magique,
Que la simplicité du cœur est la plus belle semence,
Que le soleil se lève chaque fois sur un jour nouveau,
Que j'ai quelque chose à faire, un rôle à jouer,
Que tout s'inscrit dans un grand Plan divin,
Que l'on n'est jamais... seul.

* * *

Mon *credo*, c'est ce à quoi je crois du plus profond de mon être, c'est moi, tout simplement. Mon *credo*, c'est ce qui me fait voler les jours ensoleillés et c'est ma bouée de sauvetage les jours de tempête.

Ménage

Je me sens embourbée au milieu d'un fouillis. Trop d'objets autour de moi, trop de paperasse, de piles, de trucs, de machins, bref, je n'ai pas d'espace pour bouger, pas d'espace pour me déposer et me sentir bien. Je manque d'oxygène et d'énergie. C'est l'accumulation au fil des années, ce sont les souvenirs, c'est tout ce que j'ai laissé là en attendant, au cas où cela me servirait un jour. Le fouillis extérieur crée un fouillis intérieur et c'est ça le pire. Je m'éparpille, je me perds et je me cherche. Ce n'est pas rigolo. Et voilà que j'étouffe au milieu de tout cela et de plus en plus.

J'ai essayé plus d'une fois de commencer à faire mon ménage, mais ce n'était pas vraiment sérieux. Cette fois-ci, c'est vrai et c'est urgent parce que le malaise est trop grand. Je m'y mets. Trier, sélectionner sur-le-champ ce que je garde et le ranger, donner, recycler, jeter, penser à une nouvelle disposition. C'est laborieux et exigeant, mais j'ai besoin de me recréer un espace vital clair, ordonné et à l'image de ce que je suis aujourd'hui. L'espace que je crée fait place à une énergie nouvelle et à une création originale de ma vie.

* * *

Le grand ménage extérieur est aussi et surtout un grand ménage intérieur.

De la feuille au bourgeon

C'était un matin de fin d'automne. Par la fenêtre, j'observais les arbres dépouillés de leurs feuilles, des troncs brun grisâtre, des branches silencieusement dégarnies et découpant le paysage sur un ciel chargé de nuages. Rien ne bougeait à part les minuscules branches plus rougeâtres qui flottaient au bout des arbres et qui portaient déjà des bourgeons. Ces arbres que l'on pouvait presque qualifier d'arbres morts à première vue, étaient remplis de bourgeons de vie qui, bientôt, allaient traverser la neige, les vents, le froid et le verglas pour éclore au soleil du prochain printemps. Tout innocemment, les fines branches coiffées de bourgeons se préparaient à affronter l'hiver en ne pouvant compter que sur leurs propres ressources.

Un message pour moi. Mon cœur a aussi à traverser les saisons, à laisser tomber des acquis, à traverser des deuils, à vivre des hivers intérieurs même s'il a froid et même s'il se sent gelé. Il a aussi à garder confiance et à croire qu'il a des ressources insoupçonnées et que le printemps reviendra, chargé de nouveau et d'inconnu, certes, mais surtout chargé de vie et d'énergie.

* * *

Pour que naissent les bourgeons qui vont éclore au printemps prochain, l'arbre doit accepter de laisser tomber ses feuilles.

Je m'envoie... une carte

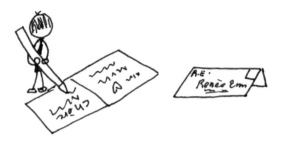

— Tu peux me dire ce que tu fais? Tu as l'air bien attention-née.

— J'écris! En fait, je m'écris une carte que je vais m'envoyer.

— Ah bon!

— On écrit et on envoie des cartes de souhaits, des mots à des parents et à des amis pour leur transmettre notre affection, nos vœux, nos réflexions. Les courriers sont imprégnés de sentiments qui viennent du cœur et ils font du bien. Malgré la technologie et l'informatique, le plaisir de découvrir une carte dans notre boîte aux lettres et de l'ouvrir a quelque chose d'unique et qui restera toujours unique.

— Tu peux me dire ce que tu t'écris dans une carte?

— Tout d'abord, je me suis choisi une belle carte que j'aurai plaisir à regarder. Je m'y écris ce que j'ai vraiment le goût de me dire en toute intimité, *À moi de moi*. Me dire que je pense à moi, que je ne m'oublie pas, que je suis assez importante à mes yeux pour me réserver un moment d'attention. Qu'est-ce que j'aimerais lire de moi en quelques mots? Voilà! Puis je cachette et j'affranchis l'enveloppe que je déposerai moi-même à la poste. L'eau a le temps de couler sous les ponts. Un matin, je vivrai quelque chose de bien particulier en apercevant ma carte livrée par le facteur, en l'ouvrant et en la lisant.

* * *

À moi de moi, une expérience-cadeau à se faire. Essayez-le, vous verrez par vous-mêmes!

Yeux fermés et mains ouvertes

Je veux te montrer quelque chose. L'autre jour, j'étais en pleine nature. Je me suis arrêtée et j'ai eu envie d'illustrer, avec le jeu des bras, des mains et des yeux différentes étapes d'un cheminement, d'une prise de conscience que j'appelle *prise de cœur*. Il faut te dire que ça mijotait en moi depuis un moment. Alors voilà!

Yeux fermés, mains fermées: je suis refermée sur moi, sur ce qui m'arrive. À quoi bon!

Yeux fermés, poings fermés vers le ciel: je suis en colère. J'en veux à la vie et au ciel.

Yeux ouverts, mains fermées: je regarde ce qui m'arrive. Je m'interroge, je m'isole encore. Je donne peu et je ne veux pas vraiment recevoir. Je ne comprends pas, mais j'accepte quand même d'avancer et de cheminer.

Yeux fermés, mains ouvertes: je m'abandonne, je lâche prise et je fais confiance. J'accepte de recevoir et je donne à nouveau.

Yeux ouverts, mains ouvertes vers le ciel: j'accepte de ne pas tout comprendre. J'accepte une autre dimension des choses et des événements. Je prie. Je reprends espoir.

* * *

Sur la route des secousses de ma vie, mon cœur traverse différentes phases qui s'imbriquent les unes dans les autres selon mon rythme et selon qui je suis. J'ai des ressources; je peux me faire confiance tout en me respectant. L'espoir se sème et se cultive.

Ce matin, j'ai besoin d'un rêve!

Le soleil du matin s'est doucement et maternellement posé sur les
édifices et les maisons de la ville.
Au loin, une couronne de montagnes
entrecoupée du bleu foncé de l'eau du fleuve.
L'un après l'autre, des avions planent au-dessus de la ville
avant d'atterrir là-bas, quelque part, en bout de piste.
Je respire au rythme du tableau qui s'offre à moi,
doucement, paisiblement et consciemment.
Ce matin, j'ai besoin d'un rêve.
Mon cœur a besoin de bercer en lui une idée folle,
un grand projet, un nouveau rêve.
Oui, ce matin, mon cœur a besoin de fixer l'horizon
et d'y laisser se dessiner un rêve, dans le fond,
d'y laisser se dessiner le rêve qui m'habite déjà
mais que je ne connais pas encore.
Cri du cœur? Soif de l'âme? Quête du cœur et de l'âme?
Je ne sais trop quoi exactement
mais je sens que je sais… au fond de moi.
L'horizon est clair et le soleil est pur.
Sans trop en savoir la suite, je dis oui au rêve qui m'habite
et je lui laisse prendre vie en moi.
Toi le rêve inconnu, je te berce et je te caresse!

* * *

Un athlète ne deviendra jamais champion olympique s'il ne s'accroche pas à son rêve.

Bilan de vie

— Ça te fait peur, toi, de parler de bilan de vie?

— Ça m'a déjà chatouillée parce que j'associais cela à fin de vie, mais ce n'est pas ça du tout et pas besoin de te dire que l'on ne parle pas de bilan financier. Notre bilan de vie, on décide d'en faire l'exercice ou encore la vie nous met dans une situation où il s'impose de lui-même. La maladie m'a amenée, à un moment donné, à faire le bilan de ma vie. J'ai tracé le portrait, ou plutôt la mosaïque de ma vie depuis mon enfance jusqu'à l'étape de la maladie puis, tout doucement, le reste s'est mis en place. Quelles sont mes valeurs, mes priorités pour demain et pour les années à venir, qu'est-ce que je veux changer dans ma vie et oser, quels sont mes projets et mes rêves, quelles sont mes ressources?

— C'est comme lorsqu'on escalade une montagne. On monte, on monte encore et à un moment donné, on s'arrête pour regarder le chemin parcouru; on regarde également le chemin à parcourir, on reprend notre souffle et nos forces puis on repart.

— Tu as tout compris!

* * *

Bilan de vie rime avec élan de vie!

Le pas principal à faire est le premier: celui de dire oui à ce grand exercice intérieur.

La page blanche

Tu l'as déjà entendue, celle-là: *j'adore la page blanche.* Pour moi, c'est la permission d'y écrire et d'y dessiner tout ce que je veux, tout ce que mon cœur ressent le besoin de coucher sur le papier: joie, peine, préoccupation, questionnement et tout le reste. J'y vois alors comme un long chemin entre deux rangées d'arbres; j'y ressens un espace de temps réservé à cette page unique que j'écrirai. D'autres fois, je ressens la page blanche comme un immense désert (j'adore le désert) ou encore comme un grand lac calme à la tombée du jour. Permission, ouverture et liberté: voilà en bref.

Je sais ce qui me fait le plus chaud au cœur devant une page blanche: c'est que je me réserve et m'accorde un temps d'intimité avec moi, un temps de vérité et souvent de rêve. (Quand je dis *avec moi*, c'est aussi *avec toi*, tu es d'accord?) La page blanche est compagnie, confidence, sécurité, créativité et thérapie. Souvent je ne sais même pas par quel mot commencer. D'autres fois, je commence par un dessin et voilà, c'est parti. Je sais où je commence sans savoir où cela se terminera, et en cela, c'est magique. Tout comme l'enfant qui se penche sur sa feuille de papier, sans censure, sans peur du jugement ou de la réflexion des autres. La page blanche, je l'aime!

* * *

Ose pour voir!

Chef de ma vie

— Est-ce que tu te sens vraiment le chef de ta vie, le chef d'orchestre de ta vie ou encore le capitaine de ton bateau? Autrement dit, as-tu l'impression d'emprunter et de suivre la direction que tu as choisie?

— Pour moi, il y a une question préliminaire à celle-ci: chef de quelle vie? Il m'arrive de me poser la question, surtout lorsque je me sens bousculée par les événements extérieurs et par les imprévus et que j'arrive difficilement à suivre mon cap. Assez vite, une sensation de dérapage m'habite. Je pense alors au pilote d'avion ou au capitaine de bateau. Ils ont une destination à atteindre, une trajectoire à respecter, une quantité limitée de carburant incluant un surplus d'urgence.

Ma vie est aussi un voyage, un grand voyage. La destination, ce sont mes buts à atteindre, mes projets et mes rêves. La trajectoire, ce sont les voies que je compte emprunter pour arriver à mes objectifs, mes orientations et mon mode de vie. Le carburant, ce sont mes ressources intérieures et extérieures. Par-dessus tout cela, il y a le sentiment profond que je me dirige vers la bonne destination, et ce, malgré les ajustements de trajectoire, malgré les intempéries et les imprévus du voyage.

* * *

Me sentir le chef de ma vie, c'est beaucoup plus qu'une question de contrôle. C'est plutôt une sensation de choix, d'ouverture et d'harmonie répondant aux besoins réels et profonds de mon être.

Merci... la Terre!

Tu sais, des fois je me sens bien sans cœur d'oublier de remercier la Terre. Elle a vu naître et grandir mes aïeux et mes parents, elle les a nourris et hébergés. Elle a soutenu ma mère tout le long de sa grossesse puis, en avril de l'an 1952, elle m'a accueillie et son oxygène est entré dans mes poumons dès mon premier cri. Cette même terre m'a bercée; elle m'a supportée à quatre pattes et un peu plus tard, j'ai foulé son sol en marchant pour une première fois.

Elle m'a vue grandir, prendre le chemin de l'école et planter dans son sol mes premières graines de fleurs, mes premiers haricots, puis mon petit érable. Assise sur ma grosse roche, je pêchais de minuscules poissons et je jouais à la cachette avec les crapauds et les grenouilles. J'ai un jour dessiné un gros cœur sur le sable, puis assise au pied d'un arbre, j'ai rêvé ma vie. J'ai voyagé d'un continent à l'autre, d'un village amérindien à des terres africaines, émerveillée de tant de découvertes. Cette terre a ressenti le roulement des poussettes de mes enfants puis le rebondissement de leurs premiers pas sur son sol et leurs jeux dans le sable. Mes larmes sont un jour tombées dans le fleuve et se promènent encore dans l'océan. J'ai voulu marcher et escalader des montagnes en silence, à la recherche de mon âme. Dans un petit coin de terre, reposent les cendres de mon père. D'ici quelques mois, mon petit-fils se penchera à son tour pour toucher une fleur et pour attraper l'écureuil, puis se tiendra après un arbre pour se relever et fera sur cette même terre ses premiers pas d'homme de demain. Merci la Terre!

Règles d'OR de la guérison du cœur

Oser Rêver, c'est donner un souffle de vie à mon cœur.

Oser Rire, c'est libérer en moi une énergie de guérison.

Oser Risquer, c'est accepter la richesse de l'inconnu.

Oser Ramer, c'est me redonner un mouvement de vie.

Oser Ramasser, c'est faire le point et enclencher le ménage intérieur.

Oser Reculer, c'est reconnaître que j'ai besoin de jeter un coup d'œil en arrière.

Oser Revoir, c'est profiter à nouveau de l'énergie du moment d'alors.

Oser Rallumer, c'est m'engager à veiller sur ma flamme intérieure.

Oser Respirer, c'est dire mon oui de l'instant à la vie.

Oser Rompre, c'est accepter de franchir une autre étape, de tourner consciemment la page.

Oser Recommencer, c'est dire oui à demain sans savoir ce qu'il me réserve.

Oser Revivre, c'est retrouver la naïveté et la candeur de mon cœur d'enfant.

Oser Refuser, c'est me respecter dans mes besoins, mes limites et mes aspirations.

Oser Rechercher, c'est enclencher une démarche de cheminement.

Oser Ressentir, c'est palper du bout du cœur les soubresauts de mon être.

Oser se Réapproprier, c'est redire un oui conscient à des choix déjà faits.

Oser Réunir, c'est mettre ensemble des cœurs et des énergies pouvant s'enrichir et m'enrichir.

Oser Reprendre, c'est faire un acte serein d'humilité.

Oser Réapprivoiser, c'est laisser couler en moi un courant d'ouverture et de lâcher prise.

Oser Réapprendre, c'est reconnaître que j'ai toujours à apprendre.

Oser Recycler, c'est croire qu'il y a une énergie récupérable en tout.

Oser Rencontrer, c'est ouvrir mon cœur à l'autre tout en le respectant et en me respectant.

Oser Renaître, c'est me réveiller à ma propre vie.

Chapitre 8

Sages paroles

La Vie
est à la fois le plus grand cadeau que j'ai reçu
et le plus grand cadeau que j'ai donné...

Le pain lève lorsqu'il est prêt à lever

— Dis-moi, est-ce que je vais y arriver? Tu peux me répondre?

— Tu sais, c'est comme le pain. Même bien préparé, le pain ne lève que lorsqu'il est prêt à lever. Même si la personne qui l'attend pour le manger est pressée, le pain ne lèvera qu'à la minute qui est sienne. C'est comme le bourgeon d'une fleur. Il faut du temps et il y a un temps précis où la fleur est prête à éclore. Surtout ne rien brusquer: la vie sait où elle va.

Il ne faut pas toujours chercher la logique des choses ni chercher à tout comprendre et à tout expliquer avec l'intellect. La vie a ses secrets que l'on doit respecter et simplement accueillir. La vie se charge d'aller puiser mystérieusement, au bon endroit et au bon moment, ce dont elle a besoin. Partenaire des mystères de la vie, voilà!

* * *

La confiance, c'est accepter d'avancer et de continuer d'avancer sans nécessairement tout saisir et tout comprendre.

Se pousser dans le dos

La vie est ainsi faite. Il y a des jours où on a le goût d'avancer, de bouger, de faire des activités et d'autres jours où on n'a pas le goût, des jours où l'envie de faire quoi que ce soit n'y est pas, mais pas du tout. Tu sais comment j'illustre ces jours? Des jours où le démarreur ne fonctionne pas, n'enclenche pas. On dirait que rien ne m'allume et que tout devient une corvée.

Attention cependant! Je ne parle pas d'une fatigue légitime ou d'une panne d'énergie justifiée. Je parle de ces jours où notre corps et notre cœur ressemblent à une grosse carapace sans motivation et sans ressort, de cet état duquel on voudrait bien sortir parce qu'on y est mal. J'ai trouvé la façon de faire. Je m'imagine que je me pousse doucement dans le dos et que cette poussée me fait du bien. Souvent, me pousser m'amène d'abord à la douche puis dehors pour prendre l'air et marcher. Ensuite, je me dis: *Qu'est-ce que j'ai le goût de faire maintenant?* Inévitablement, je trouve alors ce que mon cœur a vraiment le goût de faire, mettant de côté, pour un instant, ce qu'il me faudrait faire et que je ferai beaucoup mieux un peu plus tard. C'est magique!

* * *

Le cœur a souvent besoin de faire ce qu'il a envie de faire avant de s'embarquer dans ce qu'il doit faire.

Ne pas attendre que l'élastique pète!

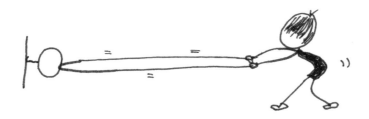

— Est-ce que tu pourrais? — Oui.

— Est-ce que tu viendrais? — D'accord, je vais y aller!

— Est-ce que ce sera prêt? — Oui, ce sera prêt pour demain!

— Et quoi encore? La vie fourmille d'impératifs, d'exigences, de devoirs, d'obligations et moi je dis oui, je cumule les choses à faire, les tâches, les responsabilités venues de l'extérieur ou que je me suis moi-même attribuées. Ça va pour un moment, pour un temps puis, tranquillement, je me sens fatiguée, encore plus fatiguée, avec moins d'énergie jusqu'au jour où ça ne va vraiment plus!

— C'est comme un élastique. On peut tirer sur un élastique, mais jusqu'à une certaine limite. Au-delà de cette limite, l'élastique *pète* et vlan! parce qu'on a dépassé la limite. Alors, il faut recommencer à zéro ou presque et même parfois plus bas que zéro.

* * *

Respecter mes limites, c'est savoir dire non à un surplus de travail et de responsabilités ou encore savoir dire oui à de l'aide afin de me respecter et de ne pas puiser inutilement ou imprudemment dans ma réserve d'énergie.

À côté de mes bottines

— Tu as déjà entendu l'expression *marcher à côté de ses bottines*? Eh bien, aujourd'hui, j'ai ce sentiment et cette sensation. J'ai l'impression de faire plein de choses que je ne devrais pas faire, d'être à la mauvaise place au mauvais moment, de prendre les mauvaises décisions, bref, je suis à côté de mes bottines pour ne pas dire à côté de ma vie. C'est inconfortable et stressant. Tu as une idée de ce que je peux faire pour… réintégrer mes bottines?

— Qu'est-ce qui t'a fait sortir de tes bottines, qu'est-ce qui t'a fait dévier de ta trajectoire, de tes priorités, du chemin de ton cœur? Il y a peut-être un événement marquant, une situation ou un ensemble de circonstances qui t'ont fait glisser. L'essentiel, c'est d'en prendre conscience. Il n'est jamais trop tard pour revenir dans nos souliers et reprendre notre route.

* * *

Mon chemin de vie est unique au monde; il est le mien et le demeurera malgré ce qui peut m'amener à dévier. Mes pas ne peuvent que m'appartenir. Je m'imprègne de cette vérité et je rechausse mes bottines de vie chaque fois que c'est nécessaire.

Avec un peu de recul

On dit souvent: *Quand on a le nez collé dessus, on n'y voit rien!* C'est vrai et pas mal vrai pour tout! Comment admirer une sculpture, un arbre ou une œuvre d'art si on est trop proche? *Éloigne-toi et tu verras mieux.* Avec le temps, j'ai compris que c'est aussi vrai pour beaucoup de choses dans la vie et particulièrement pour les événements et pour les moments difficiles de ma vie. La maladie, le décès d'un proche, une séparation ou une perte d'emploi n'ont souvent aucun sens lorsqu'on est dedans. On prend alors toute notre énergie simplement pour garder la tête hors de l'eau et passer au travers.

J'ai constaté que la maladie m'a permis de découvrir des ressources insoupçonnées; elle m'a permis d'expérimenter des avenues inconnues, de rencontrer des gens qui sont devenus des amis précieux, de faire le point et de réinventer mon travail et mon engagement social, bref, avec un peu de recul, je découvre une autre facette que je ne pouvais entrevoir. Cela n'enlève évidemment rien à la souffrance du moment, mais cela ouvre une porte intérieure à la découverte et à l'éveil de ma conscience.

* * *

Il faut parfois s'éloigner d'une plante pour saisir toute la beauté et l'harmonie qu'elle dégage. Il me faut souvent accepter de prendre un peu de recul face à des vécus difficiles.

Barrières et désert

Un jour j'ai écrit: *Les barrières les plus difficiles à franchir sont souvent celles que l'on a soi-même érigées.* Ouf! Quelles paroles étranges! N'empêche que, depuis ce jour, j'ai beaucoup pensé à cette réflexion. Je me suis regardée aller et je peux te dire que c'est vrai: on se joue des tours. J'ai longtemps pensé que c'étaient juste les autres qui me fixaient des barrières et qui isolaient mon cœur. Très souvent, c'est plutôt moi qui mets les barrières, mais pas toujours consciemment. C'est la grande performance que je veux atteindre, c'est le refus de faire un premier pas par orgueil ou bien d'apporter un changement, c'est mon entêtement à parler de moi sous prétexte que l'autre ne peut comprendre ou encore c'est ma fermeture à exprimer mes vrais besoins. Dans le fond, je barricade souvent mon cœur, ne le laissant pas s'exprimer ni respirer et, après, il étouffe. Je crée souvent mes barrières, mes barricades et… mon désert.

* * *

Est-ce le désert qui nous entoure ou celui qui nous habite qui est le plus difficile à franchir?

Libre d'être libre

Un jour que j'étais assise au milieu de la nature, au son du ruisseau, des feuilles agitées et du cri des oiseaux, les cheveux balayés par le vent et le nez caressé par les odeurs parfumées, mon regard s'est posé sur l'horizon sculpté de montagnes et de champs. Dans ce décor et façonnés par les hommes, une clôture, une route qui gravissait la montagne et un muret de roches qui entourait l'étang.

J'ai alors goûté quelque chose d'unique, un étrange et ô combien confortable sentiment de liberté, liberté d'être, de respirer, d'admirer ce paysage et de m'y bercer le cœur et l'âme. J'ai choisi de m'arrêter et de m'imbiber de ce magnifique tableau doux et harmonieux. Mon cœur respirait alors les soubresauts de la vie autour de moi et en moi. La clôture ne représentait aucune menace: elle était à sa place et découpait merveilleusement le paysage. La longue route abrupte qui grimpait la montagne me semblait invitante. Les roches empilées se côtoyaient et semblaient même se rapprocher les unes des autres sans aucune froideur ni dureté. J'ai alors saisi une autre facette de la liberté. Ni les clôtures, ni les montagnes à escalader, ni les murets de la vie ne peuvent étouffer mon sentiment intérieur de liberté, s'il est vrai.

* * *

L'authentique sentiment de liberté ne peut naître que de moi. Je choisis d'être libre et de le rester.

À chacun son rayonnement

Je veux te dire que de faire ce dessin m'a beaucoup apporté. Je l'ai fait avec douceur et tranquillement, chaque trait de crayon ayant mis un peu plus de joie et de sérénité en moi. Étrange mais que ça fait du bien. J'étais pourtant au milieu du brouhaha, une soixantaine de personnes d'origine asiatique attablées tout autour de moi. Elles font partie d'un voyage organisé, chacun venant de recevoir son repas. Ils parlent beaucoup, de cette intonation chantante qui leur est propre. Je me suis arrêtée un moment pour les regarder, les écouter et j'ai choisi d'écrire ces lignes. Tous d'une même nationalité, mais chacun et chacune avec son bagage, son histoire, sa personnalité, son énergie et son rayonnement. Ne comprenant absolument pas ce qui se disait, je ne pouvais qu'être dans la perception de ce qui émanait de chacun et chacune et c'était correct ainsi. Étrangement, assise et silencieuse au milieu d'eux, je sentais mon propre rayonnement et j'étais bien. J'ai alors expérimenté à quel point la présence silencieuse peut communier à l'énergie d'un groupe parce que, bien au-delà de la langue et des mots, quelque chose nous unissait.

* * *

Le rayonnement de tout être vivant est un reflet de la vie qui l'anime. Le respect de l'autre et la communion à l'autre n'ont pas besoin de mots pour se dire. Ils sont!

Garde tes pieds bien au chaud

Je me rappelle ma vieille tante Eugénie de 90 ans. Elle me disait toujours que quand on a froid aux pieds, on a froid partout et on risque d'être malade. Alors adolescente, je ne la prenais pas vraiment au sérieux. J'étais jeune et le corps plein de chaleur même dans les gros froids et même légèrement vêtue.

Eugénie est partie et moi j'ai vieilli. Tout dernièrement, j'ai senti que je ne prenais pas assez soin de moi: alimentation moins équilibrée, exercice moins fréquent, stress «mur à mur», troubles digestifs secondaires, surmenage et quoi encore. Un jour, que j'étais assise à écrire mon journal, une réflexion m'est venue directement de l'intérieur, comme si ma petite voix venait de souffler à mon oreille (ou était-ce Eugénie?) la phrase bien connue *Garde tes pieds bien au chaud*. J'ai accueilli ce message comme un clin d'œil de la vie, une remarque amicale et préventive. N'empêche que cette réflexion-message a été un rappel et une motivation à faire ce qu'il faut pour me remettre les pieds (du corps et du cœur) au chaud!

* * *

Il est de ces réflexions qui ont la force de soulever notre négligence et notre démotivation et de devenir un ancrage intérieur profond.

Les yeux, fenêtre du cœur et de l'âme

Lorsque je regarde le fond d'œil d'un patient, je peux y voir directement les artères, les veines et même leurs croisements. C'est incroyable et merveilleux de les voir aussi vivants, et ce, grâce à un petit appareil appelé ophtalmoscope. Ça c'est le *point de vue* du médecin!

La pureté du regard d'un enfant, le regard amoureux de l'adulte, la sagesse du regard de l'aîné...; les yeux prennent de l'âge, c'est vrai, mais le regard, lui, ne vieillit pas.

Les yeux reflètent la vie qui nous anime et ils ne trompent pas: joie, peur, anxiété, découragement, tristesse et même indifférence. Les yeux ne savent pas mentir; ils sont la fenêtre de notre cœur et de notre âme qui s'ouvrent sur le monde. Tu as remarqué que certaines personnes ont de la difficulté à regarder les autres dans les yeux, à soutenir leur regard? C'est peut-être que leur cœur est trop timide ou... trop fermé.

J'ai parfois de la difficulté à me regarder dans le miroir; parfois je me fuis du regard, d'autres fois je ne me reconnais plus. Me regarder dans les yeux, c'est apprendre à mieux me connaître.

* * *

Mes yeux parlent de moi et ils parlent à l'autre. Au jour de ma naissance, mes yeux se sont ouverts tout seuls sur la vie qui commençait. Au soir de ma mort, une autre personne les fermera sur ce que fut ma vie.

La seule chose prévisible...

— Tu te rappelles la jeep en Afrique?

— Oh, que oui! Je conduisais un véhicule à quatre roues motrices. Nous étions parties en brousse, une infirmière et moi, pour visiter des villages. Nous roulions sur le chemin du retour, à plus de dix kilomètres de toute agglomération. Et voilà une sensation de... crevaison. Quelle ne fut notre surprise en sortant du véhicule d'apercevoir deux crevaisons et... un seul pneu de secours. Sans aucun autre matériel de réparation et nous doutant qu'il ne passerait aucune voiture avant plusieurs heures, nous pouvions choisir de marcher les 10 km au gros soleil ou d'attendre le prochain véhicule qui finirait bien par passer. Ce jour-là, j'ai saisi que bien au-delà de nos prévisions et de nos planifications, *la seule chose prévisible, ce sont les imprévus.*

J'ai ainsi appris à laisser une place à l'imprévu, ce que je ne faisais absolument pas auparavant. Ça évite d'avoir de mauvaises surprises et de vivre de grands stress inutilement. La sagesse africaine m'a aussi enseigné à rire plutôt qu'à dramatiser, ce qui ne veut pas dire de ne pas puiser en moi des ressources insoupçonnées que je pourrais mettre à contribution en cas de besoin et d'imprévu. J'ai beaucoup appris sur ces chemins de brousse.

* * *

Les grandes leçons de vie s'apprennent et se pratiquent au quotidien de ma vie.

Ne peut dire qu'il n'a pas vu...

Juste à côté de la maison, on a planté, il y a de cela quelques années déjà, un bouleau triple baptisé les triplets. Ce devait être un bouleau nain... Oh là là! Il dépasse maintenant les fils électriques et le toit de la maison du voisin. Le tronc du milieu a progressivement dessiné un *œil* dans son écorce. D'abord tout petit, cet œil a grossi, remplissant maintenant une partie de la circonférence du tronc. J'avoue avoir raté des étapes de la création de cet œil magique. Comment la nature a-t-elle pu façonner une telle sculpture presque à mon insu, alors que le bouleau grandissait à moins de dix mètres de la maison? J'ai un jour montré à la famille une photo de l'œil magique du bouleau. Certains se sont risqués à dire que ça pouvait être notre bouleau, mais plusieurs ne l'ont pas reconnu. Quel âge as-tu, bouleau? Au moins quinze ans. Et c'est maintenant que je découvre un de tes secrets. C'est moi qui n'ai pas pris le temps de m'arrêter et de te regarder pour méditer et prier devant toi qui es plein de messages.

* * *

Ne peut dire qu'il n'a pas vu, celui qui n'a pas su s'arrêter pour regarder.

188

Ne jamais fermer la porte

Je crois que mon cœur a une petite porte, une porte que je peux ouvrir, garder ouverte ou encore choisir de fermer. C'est une image, bien sûr, mais pas une image banale; elle m'aide à mieux saisir ce qui se passe en moi.

Ouvrir la porte de mon cœur, c'est me sentir capable d'accueillir ce qui est et accepter de prendre le risque de ce qui peut me rejoindre et me toucher. C'est me sentir capable d'accueillir l'autre en difficulté, capable de l'aimer. C'est aussi m'ouvrir à la beauté et au message de la nature. Je suis capable de recevoir et de donner.

Garder ouverte la porte de mon cœur, c'est accepter de laisser passer les courants d'amour et de vie et même des sentiments plus difficiles à vivre. C'est rester le cœur en état d'éveil et d'accueil en me disant qu'il y a une place même pour l'imprévu et surtout pour les clins d'œil de la vie parce qu'ils m'aident à grandir.

Ne jamais fermer la porte de mon cœur, c'est me respecter, respecter mes besoins et mes limites pour éviter que la porte ne se ferme par essoufflement, par trop grand bouleversement ou par épuisement. Parce qu'un cœur, ça s'épuise aussi. Il peut arriver que le vent de la vie ferme brusquement et momentanément la porte de mon cœur. La pire souffrance que je pourrais m'infliger serait cependant de claquer la porte de mon propre cœur. Alors attention!

Change tes écouteurs

J'aime marcher en écoutant de la musique. Un de ces matins, la voix du chanteur s'est mise à valser, s'est arrêtée puis a recommencé bizarrement. Problème de cassette ou de piles? J'ai changé et la cassette et les piles: aucune amélioration. Impatience et frustration! Quelque chose me disait de changer mes écouteurs. Voyons donc! Ça ne se peut pas, ils sont presque neufs. Le problème était pourtant vraiment là: le contact se faisait mal.

Change tes écouteurs! Le message m'est resté. J'ai ma vision des choses, j'ai mon regard sur ce qui m'arrive et sur ce qui se passe autour de moi. Des fois, je suis tellement convaincue que ce que je perçois et comprends est *la* vérité que je me ferme à toute autre perception. Tout cela se passe souvent à mon insu, inconsciemment.

Change tes écouteurs pourrait aussi se traduire par *Change ta paire de lunettes.* Arrêter de fixer le bout de mes bottines et lever le regard vers l'horizon pour mieux voir la route, prendre une certaine distance et un peu de recul face à une situation pour en saisir un autre sens. L'étape essentielle est de dire oui à autre chose.

* * *

Il me faut parfois me décoller le nez du mur pour m'apercevoir que ce mur que je croyais insurmontable peut être contourné ou encore qu'il existe un peu plus loin une ouverture par laquelle je puis passer.

Clins de cœur

— Tu connais les clins de cœur?

— Je connais les clins d'œil, mais… les clins de cœur!

— C'est pareil, mais c'est plus vrai, plus profond, plus personnel et ça vient du cœur. Qui dit clin d'œil dit attention, ouverture, accord et même complicité. Un clin de cœur, c'est un clin d'œil du cœur, de mon cœur ou du cœur de l'autre. Ça peut être une amie qui m'invite à prendre une tisane à un moment où j'ai besoin de parler, ça peut être une rencontre fortuite mais ô combien agréable pendant une course ou un coup de téléphone inattendu d'un parent. Ça peut aussi être la chanson riche de sens captée à la radio ou encore le beau geai bleu qui se pose dans ma cour un matin et qui semble m'appeler à le rejoindre dehors. Je te dirais que les clins de cœur sont des clins de vie qui m'interpellent, me font du bien et qui ont un sens pour moi. C'est comme si la vie m'offrait, au bon moment, ce dont j'ai vraiment besoin sans que je l'aie réellement demandé. Je suis cependant tout à fait libre d'accueillir ses clins de cœur. La vie m'invite à cueillir une fleur qu'elle a semée pour moi. Tu sais quoi? J'ai souvent l'impression que les clins de cœur viennent d'en haut, qu'ils sont des clins de cœur que le Divin me fait tout comme un père le ferait à son enfant.

* * *

La vie a sa façon unique de nous donner des messages et de nous faire de clins de cœur. Encore faut-il vouloir les accepter et savoir les écouter et les saisir.

On regarde en arrière...

— À marcher sur les routes de pèlerinage, j'ai appris de grandes leçons. Sur le coup, je n'en ai cependant pas saisi toute l'importance et toute la vérité.

Du lever au coucher du soleil, on marche pour avancer, pour franchir les kilomètres les uns après les autres et pour atteindre la prochaine étape du parcours. À travers les montagnes, les plaines et les vallées, le long des champs cultivés, des sentiers et des routes, on marche pas après pas, au milieu de la nature et dans les villages, en respirant tout ce qui nous entoure, le sac au dos et les bottines aux pieds. Après des kilomètres de marche, on se retourne en arrière et on jette un regard sur le bout de chemin franchi, sur la montagne escaladée avec effort, sur les longs champs traversés.

— Et si on a oublié quelque chose au gîte ou en route lors d'une escale de repos?

— Crois-moi, on ne revient pas sur nos pas. On ne refranchira pas la distance aller-retour pour récupérer un vêtement ou un article de toilette oublié. C'est comme dans la vie. On peut jeter un regard sur ce que l'on a vécu, avec un certain recul, mais on ne peut revenir en arrière. La vie est ainsi faite et c'est ce qui en fait un chemin unique, le nôtre!

* * *

Notre vie est une route de pèlerinage. On peut regarder en arrière… mais on ne revient pas en arrière!

Le feu jaune

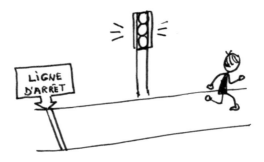

— Le feu jaune annonce le feu rouge et le feu rouge commande l'arrêt, n'est-ce pas?

— Tu crois m'apprendre quelque chose?

— À moi, oui. Très souvent, je suis passée sur le feu jaune et même plus, j'ai pesé sur l'accélérateur sans même penser à ce qui pourrait m'arriver. Bien plus que la contravention, c'est l'accident que je risquais.

— Quelle imprudence!

— Tu saisis l'image?

— Explique, s'il te plaît.

— Ma vie est une route, une longue route. Ici et là, des feux de circulation. Continuer d'avancer sur le vert, ralentir et freiner sur le jaune et arrêter complètement sur le rouge. Je suis tellement souvent passée sur le feu jaune dans ma vie que je n'ai pas vu les feux rouges que la vie mettait devant moi. Je m'éclipsais à toute vitesse, je fuyais aveuglément. Aucune chance de percevoir les messages des feux rouges du genre: *Arrête de courir — Il est temps de prendre une décision et de choisir — Tu es en danger, fais quelque chose — S.O.S. repos, S.O.S. changement — guérison requise...* et quoi d'autre?

* * *

La vie a ses messages. À moi de décider si je passe outre ou si je m'arrête et crée une ouverture pour les accueillir et les saisir.

Laisse-toi être!

10h20, aujourd'hui.

Ce matin, j'écris ces mots sur une feuille éclairée par le soleil. J'adore la sensation de l'encre qui pénètre le papier blanchi par le soleil. Ce même soleil me réchauffe le dos et le cou. Quelle agréable sensation en ce matin froid d'hiver. Tiens, on dirait que le soleil me réchauffe aussi le cœur par le dos. Curieux! «Laisse-toi être!» m'a dit une bonne amie il y a quelques jours. Ces mots ont résonné en moi comme l'écho au creux des montagnes. Je n'en perçois pas tout le sens, mais je sais qu'il y a là une vérité profonde qui me rejoint.

Me laisser être, c'est écrire sans censure et sans retenue, c'est mettre de côté mes peurs, mes jugements et mes préoccupations. C'est me dire: *Ce matin, je suis comme ça, fragile et malhabile, mal à l'aise dans mon corps et dans mon cœur.* C'est oser me dire que la maladie des autres me pèse lourd et que j'aurais besoin, pour un moment, de respirer et de regarder l'horizon juste pour moi, juste avec moi, seule avec moi. C'est écrire ces mots parce qu'ils me font du bien et qu'ils mettent un baume tout doucement sur mon cœur.

* * *

Me laisser être, c'est me laisser respirer au rythme de mon cœur, sans attente, sans préjugés et sans jugements. Me laisser être, c'est être à l'état pur.

194

Étrange, bizarre, mystérieuse et... gratuite

— Qu'est-ce qui est étrange, bizarre, mystérieux et... gratuit?
— Eeeuh!
— La vie! Écoute ce que j'ai écrit, comme ça, d'un seul jet.
La vie est *étrange*.
Elle sait où elle va et de cela je suis convaincue.
Elle nous invite dans ses sentiers.
Elle nous invite à la suivre et là, elle nous y attend
avec des surprises, des imprévus, des joies et des peines.
La vie est *bizarre*.
Elle voile nos paupières et nous empêche de reconnaître,
d'apercevoir et de saisir la logique des choses,
le pourquoi du comment,
la réponse toute simple à une question encore plus simple.
La vie est *mystérieuse*.
Elle chatouille notre curiosité et nous inspire des pistes à suivre,
des regards à soutenir et des sourires à rendre
parce qu'elle sait qu'ils nous feront du bien
et qu'ils sont nourriture pour notre cœur.
La vie est *gratuite*.
Elle se donne sans rien demander en retour.
Elle fait voler l'oiseau.
Elle fait s'ouvrir la fleur et grimper l'arbre vers le ciel.
Elle attend l'enfant qui va naître.
Elle s'est un jour déposée en moi
sans que je le lui aie demandé.
Comment pourrais-je lui en vouloir?
La vie est étrange, bizarre, mystérieuse et... gratuite.
La vie, ma vie, je l'aime!

Avant d'entrer dans la chambre...

J'ai un jour entendu la réflexion suivante: *Il faut savoir déposer nos connaissances avant d'entrer dans la chambre d'une personne qui va mourir.* Une réflexion très profonde et très vraie. Tu sais, je l'ai vécu comme médecin mais aussi comme parente, comme amie et comme bénévole. On dirait que le cadre de la porte devient alors l'antichambre d'un ailleurs, d'un entre-deux où il n'y a pas de place pour les jugements, la compétition, la performance ou les préjugés. Cela nous secoue toujours parce qu'on baigne au quotidien dans un univers de super-connaissance et de rythme effréné. À l'approche de la mort, il arrive un temps où il n'y a plus de place que pour l'essentiel: l'amour, la tranquillité et la présence qui accompagne, souvent même dans le silence. À l'approche de la mort, il arrive un temps où c'est le cœur des gens qui accompagne, et ce, quels que soient leur statut social et leur bagage de connaissances scientifiques ou autres.

* * *

S'il est un temps dans la vie où le quotidien de notre réalité personnelle, professionnelle et sociale est démasqué, c'est bien devant la mort.

L'histoire de l'univers...

Il m'arrive souvent de m'émerveiller devant des fleurs. Chaque fleur est unique dans l'histoire de l'univers. Tu as idée de ce que ça veut dire? Incroyable et merveilleux! Chaque fleur qui s'ouvre, chaque arbre qui grandit, chaque petit animal est unique et pour toujours. Tu as pensé aux grains de sable, aux gouttelettes d'eau des océans? Le monde infiniment petit est infiniment grand parce qu'il fait partie d'un tout, l'univers.

Mes pas et mes traces ne peuvent certes que m'appartenir, mais chaque personne, à chaque jour, laisse une trace unique. Nous faisons l'histoire, nous créons une parcelle d'histoire à chaque jour. Un cadeau de la vie ou une responsabilité dans l'univers? Les deux.

En pensant ainsi, j'ai l'impression de prendre une certaine distance face à mes petits problèmes quotidiens, face à mes préoccupations. Tout devient différent et avec une tout autre portée, une portée à dimension humaine étendue.

Je prends conscience de la petite pierre que je peux façonner dans l'histoire de l'univers. Elle sera petite mais unique et elle fera partie d'un tout universel. Ma petite pierre, je la crée, je la façonne, je la vis et je l'aime à chaque jour. C'est mon héritage d'amour, mon cadeau à l'univers.

* * *

Dans l'histoire de l'univers, chaque fleur, chaque oiseau, chaque arbre est unique. Dans l'histoire de l'univers, je suis unique et tu es unique.

Les bagages sont prêts avant le décollage

J'ai souvent pris l'avion dans ma vie. Une chose m'a toujours beaucoup fascinée. On a beau être superoccupé, devoir courir pour arriver à temps, finalement on est à l'heure avec nos bagages à la main. Ces chers bagages! Avouons qu'ils sont souvent faits à la dernière minute et qu'il nous arrive d'oublier quelque chose. C'est quand même surprenant de voir des centaines et des centaines de passagers qui, chacun de son côté, ont préparé leurs bagages. Ces derniers, alignés, seront tous chargés et empilés dans l'avion avant le décollage.

Il m'arrive de penser au bagage de notre dernier voyage, de mon dernier voyage. Tu sais ce que ça me dit en dedans? Le bagage sera bien différent cette fois-là et il n'aura pas besoin de valise pour le contenir. Pour moi, une chose demeure vraie: il devra être prêt avant le décollage, avant le départ pour le grand voyage. Lorsque j'arriverai à la dernière marche de ma vie, je voudrais que mon bagage soit prêt. Ça ne me fait pas peur de penser à cela. Ça ouvre davantage mon cœur à une réalité incontournable. Je veux prendre le temps de préparer avec minutie et amour mon bagage qui, cette fois-là, demeurera sur terre. C'est ce que j'appelle mon héritage spirituel, mon héritage d'amour.

* * *

Le bagage du dernier voyage est le seul que j'aurai préparé et qui ne me suivra pas!

Si je devais mourir demain...

Je voudrais regarder le soleil se coucher ce soir.

Je planterais un petit arbre.

Je mettrais en terre des poignées de graines.

J'allumerais une bougie et je la laisserais brûler.

J'irais au parc voir jouer les enfants et écouter leurs rires.

Je jetterais un regard sur ma vie et lui ferais un clin d'œil.

Je penserais à mes proches, les serrerais sur mon cœur avec tout mon amour, un amour éternel.

Je marcherais jusqu'au sommet d'une montagne, en pensée s'il le faut, et je me dirais: *C'est déjà fini... pour ici.*

Je demanderais pardon pour la peine que j'ai pu faire à ceux qui ont croisé ma route.

Je contemplerais le soleil couchant ce soir.

Je passerais la nuit à prier en silence.

Je regarderais le soleil se lever une dernière fois sur ma vie d'ici.

J'écrirais une dernière page à mon journal que je déposerais dans la rivière.

Je nourrirais les oiseaux une dernière fois.

Je dirais merci à Renée-Emmanuelle, mon enfant intérieur, et à ma fleur.

J'écrirais un mot à mes enfants, à mon petit-fils et à mes futurs petits-enfants: *C'est beau la vie, c'est si beau la vie! Aimez-la et laissez-la vous aimer!*

Je murmurerais au cœur de mes proches: *Je vous aime!*

Je murmurerais à mon cœur et à mon Dieu: *Merci pour la vie!*

Je murmurerais à mon Dieu: *Me voilà!*

Je dis *oui*

Il y a des vécus
qui ne se disent pas avec des mots.
Il y a des intensités de vécu
qui dépassent de loin
tout ce que l'esprit et le cœur de l'homme
peuvent imaginer.
Il y a cette force d'une magnitude
telle que l'homme,
dans sa dimension d'homme,
peut à peine frôler.
Il y a cette immense peine,
née dans la nuit des temps
et qui est lourde à porter,
trop lourde à porter pour un seul cœur.
Il y a ce Ruisseau divin
qui coule et coule encore
et au milieu duquel je veux plonger.
Je sens quelque chose d'indescriptible
au plus profond de mon être,
quelque chose qui m'invite,
m'attire et m'interpelle à l'instant.
Je dis *oui* et je laisse aller.
Je laisse agir le Divin.

Chapitre 9

Histoires illustrées d'un cheminement

GUÉRIR, c'est
    Grandir dans l'**U**nité, l'**É**merveillement
      et la **R**echerche **I**nconditionnelle de ma **R**oute!

Dessins sans paroles

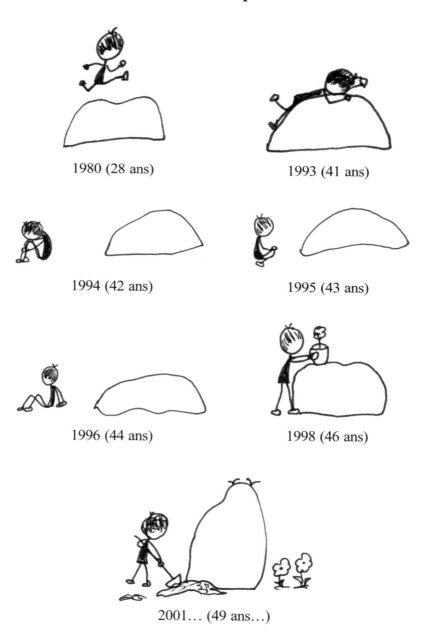

1980 (28 ans)

1993 (41 ans)

1994 (42 ans)

1995 (43 ans)

1996 (44 ans)

1998 (46 ans)

2001… (49 ans…)

Des étapes et des pas

Le choc
C'est pas possible.
Ça ne se peut pas.
Qu'est-ce qui m'arrive?
Tout bascule.

Le face-à-face
Ça semble vrai.
Ça m'arrive en pleine face.
Je ne sais pas quoi faire.

Les deux pieds dedans
C'est bien vrai.
Je n'ai pas le choix.
J'ai peur de ne pas y arriver.

Je vais m'en sortir
Je veux passer au travers.
Je vais tout faire pour m'en sortir.
Je vais me battre.
Je vais y mettre toute mon énergie.

Un pas à la fois
Concrètement, je fais quoi?
J'avance avec confiance.
Un pas à la fois.
Je garde confiance.

La vie continue
La vie continue malgré moi.
La vie continue… malgré tout.
La vie continue autour de moi.
La vie continue en moi.

Il est temps que le jour se lève
Besoin de m'arrêter.
Besoin de reprendre mon souffle.
Besoin de me ressourcer.
Donner un sens à tout cela?

**Au-delà de la maladie:
je plonge**
Je me lance.
Je plonge dans la vie.
Je plonge dans ma vie.

**Au-delà de la maladie:
j'ose**
J'expérimente du nouveau.
Je fais des choix.
J'ose changer.
J'ose oser.
Vivre autrement plutôt que…
        en attendant.

Au-delà de la maladie:
je vis
Je redonne un sens à ma vie.
Ma vie: un cheminement,
          une semence.
Mes traces uniques de vie.
Mon héritage d'amour.

Conclusion

Avant de lever ma plume de cette dernière page, mon cœur veut exprimer une chose essentielle. Merci à la vie de m'avoir permis de reconnaître Renée-Emmanuelle, mon enfant intérieur. Voilà sept ans que nous échangeons, que nous vivons et que nous guérissons ensemble. Renée-Emmanuelle a été et continue d'être mon plus grand thérapeute, celui du cœur. Le plus beau cadeau que je peux lui faire est de lui dire que je l'aime. Le lui dire, c'est me le dire. C'était possiblement ce dont mon cœur avait le plus besoin pour accepter de continuer de vivre ma vie d'ici et de maintenant, avec ses grandes tornades et ses gros ouragans, mais aussi avec ses magnifiques levers et couchers de soleil.

Durant ces années, j'ai été ermite puis nomade de la vie. J'ai ensuite pris le bâton du pèlerin. Tout en gardant mon âme de pèlerin, j'accepte aujourd'hui de m'arrêter et de plonger au fond de mon cœur et de mon âme en recluse perméable et ouverte à la vie.

Grâce à Renée-Emmanuelle, l'enfant du désert et du silence et l'enfant du soleil et de la lumière se sont rencontrés en moi.

Cœur sur papier est une histoire sans fin, une histoire à suivre; elle continue de se vivre à chaque jour. Comment conclure puisqu'il s'agit plutôt d'un départ? *Cœur sur papier* s'inscrit en œuvre inachevée que le lecteur poursuivra à sa façon, à sa guise, au rythme de son cœur et aux couleurs de la créativité de son âme.

GUÉRIR, c'est
Grandir dans l'**U**nité, l'**É**merveillement
et la **R**echerche **I**nconditionnelle de sa **R**oute!

Bonne route!

Annexe

Journal illustré du livre
(extraits du journal de bord du livre)

Je suis là.
Je médite, je prie,
loin du bruit,
loin des regards.
      22 mai 2004

Quand le fruit est mûr,
il faut le cueillir.
      13 juin 2004

L'oiseau n'attend pas toujours
les conditions idéales pour voler.
Il se lance vers le ciel et il vole
dans l'espoir et la confiance.
Lance-toi!
      11 juillet 2004

— Comment m'y remettre
et commencer par quoi?
— Mets-toi dans le courant
de lumière et tu y arriveras.
C'est la seule façon!
      12 septembre 2004

Oser y croire et tout mettre en branle
pour y arriver.
C'est ma prière de ce matin!
— Tu as besoin de l'odeur de la nature,
n'est-ce pas?
— Oui, de son odeur
et de sa tranquillité.
      20 septembre 2004

— Je te laisse tranquille,
petite.
— Tu en as besoin, je crois.
— Oui.
      3 octobre 2004

— Renée Emmanuelle,
que dis-tu de cela?
Tu crois que c'est possible?
Où es-tu?
Que fais-tu ce matin?
Bon repos! À plus tard!
      16 octobre 2004

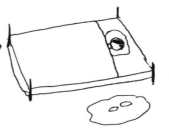

Je m'appuie sur mon cœur.
Il est triste, il est seul,
mais il sourit quand même.
28 novembre 2004

Quand le rideau se lève…
Vas-y dans la plus simple
expression de ton cœur.
Laisse le rideau
se lever sur ton cœur.
28 novembre 2004

— Je me repose sur mon cœur.
— Tu es triste?
— Je suis plutôt sensible,
très sensible.
J'ai besoin de m'appuyer.
11 décembre 2004

— Je pense, je prie.
— Tu es mignonne.
— Merci!
12 décembre 2004

— Que fais-tu
à sept jours de Noël?
— J'attends le printemps...
Mais j'ai un grave problème!
18 décembre 2004

Au lendemain du tsunami!
27 décembre 2004

C'est d'accord pour toi
cet horaire, cette planification?
28 décembre 2004

Deux mots: rester debout!
Marcher et continuer de marcher,
malgré le vent,
malgré le temps,
malgré le retard...
29 décembre 2004

Ce 26 avril 2005,
je déposerai mon troisième livre
dans l'univers…!

— Renée-Emmanuelle, que fais-tu ce matin?
— Je me protège; il fait froid et mon cœur est gelé.

— Tu as peur?

— Oui, un peu. Demain, c'est le grand jour du dévoilement. Je serai vue et photocopiée pour les correcteurs.

— Viens tout près, que je te prenne dans mes bras. Es-tu toujours d'accord pour que je te dévoile?

— Oui, je le veux toujours, mais j'ai peur et je suis gênée. Tu comprends?

— Oui, très bien. Même si je dépose le manuscrit, je ne t'abandonnerai pas, tu le sais bien. On va continuer d'être proches, aussi proches et peut-être même davantage. Je t'aime beaucoup, Renée-Emmanuelle.

— Moi aussi.

— Allez, viens que je te berce un peu et que je te réchauffe tout doucement.

25 avril 2005

TABLE DES MATIÈRES

Chapitre 3

Chapitre 4

Chapitre 7

Oser pour guérir 149

DE LA MÊME AUTEURE

Avant de tourner la page
Suivre le courant de la vie

La réalité du cancer vécue par l'auteure marque le début d'un long voyage intérieur. Vaincre la peur et l'isolement, redevenir perméable à la vie, c'est se donner une dose de courage et d'espoir. Cette femme médecin nous ouvre le livre de sa vie afin d'éclairer certaines pages du nôtre.

Tomber en vie
Chemin de vie et de guérison d'un médecin

À travers des anecdotes tirées de sa vie depuis l'enfance, une femme médecin qui a connu personnellement la maladie et la souffrance, lance un cri du cœur pour une approche plus humaine et plus globale de la santé.

Cœur sur papier
Paroles et dessins de guérison

Un recueil de réflexions et de dialogues avec un enfant intérieur crayonné un jour dans une salle d'attente d'hôpital par un médecin malade. Une grande mosaïque de paroles et de dessins de guérison moulés à la réalité d'un vécu quotidien avec ses doutes et ses prises de conscience.

À PARAÎTRE

Vivre autrement
Réflexions, pistes et exercices de guérison

Achevé d'imprimer
sur les presses de
Imprimerie H.L.N.
Imprimé au Canada - Printed in Canada